Max Burian

Juristische Blätter

XVII. Jahrgang

Max Burian

Juristische Blätter
XVII. Jahrgang

ISBN/EAN: 9783337248772

Hergestellt in Europa, USA, Kanada, Australien, Japan

Cover: Foto ©Suzi / pixelio.de

Weitere Bücher finden Sie auf **www.hansebooks.com**

Pränumerations-Preis
inclusive der Zustellung agn
des k. k. Verwaltungs-Gerichtshofes

Pränumm zugestellt für
Oesterreich-Ungarn:

Ganzjährig . . . . . 10 fl.
Halbjährig . . . . . 5 fl.

Für das Ausland:
im Preise.

Einzelne Nummern kosten 20 kr.

Juristische Blätter.

Herausgeber und Redacteur:

Dr. Max Burian.

Inserate und Administration:
I. Wollzeile Nr. 8.

Erscheint jeden Sonntag.

Reclamationen werden nur
14 Tage nach Erscheinen der
Nummer berücksichtigt.

Unverlangte Reclamationen
sind portofrei.

Manuscripte werden nicht zurückgegeben.

Inserate werden nach dem
Tarife berechnet.

MOTTO: Tantus temporis filia, non aunteritate.

23. September 1888.   Nr. 39.   XVII. Jahrgang.

Ueber Lücken im Rechte.

Von Dr. E. Förster.

(Fortsetzung.)

Die Römer und Engländer statteten zum Zwecke der Rechtsfortbildung einen Magistrat mit außerordentlicher Gewalt aus: die
Römer den Prätor, die Engländer den Chancellor. Beide sind keine
Gesetzgeber, denn sie entscheiden nur den einzelnen Fall [16]; sie
sind aber doch mehr als Richter, denn sie entscheiden den einzelnen Fall nicht nach dem Gesetze, sondern nach ihrem Rechtsbewußtsein. Der Prätor kündigte überdies beim Antritte seines
Amtes öffentlich an, wie er einzelne Fälle entscheiden werde und
näherte sich dadurch noch mehr dem Gesetzgeber. Sowohl der
Prätor als auch der Chancellor dürfen Ansprüchen stattgeben,
die im Gesetze nicht begründet sind, im Rechte begründete Ansprüche zurückweisen (der Prätor insbesondere, indem er eine neue
actio oder exceptio gab). So vermögen sie stets das starre Recht
mit dem fortschreitenden Rechtsbewußtsein, mit den Bedürfnissen
des Verkehres in Einklang zu bringen. Der Unterschied zwischen
diesem Zustande und jenem, da der Richter wesentlich nach
schwankendem Gewohnheitsrechte entschied, mochte Anfangs nicht
groß sein und die Rechtspflege war von Ideal des Delamarre
und Lepoitvin, Schlossmann und Adickes noch immer nicht
gar zu weit entfernt [18], nur daß jetzt nicht mehr dem einzelnen
Richter, sondern einem hohen Magistrat, dem Vertrauensmann
des Volkes oder des Königs anheimgegeben ist, sich über das
Recht zu stellen. Aber auch das ändert sich mit der Zeit. Die
Entwickelung des Verkehres mag an Intensität keine Grenzen
kennen — was sich übrigens auch bezweifeln ließe —, für die Entstehung neuer Rechtssätze ist dies zwar nicht gleichgiltig, kommt aber
doch erst in zweiter Linie in Betracht; beiweitem wichtiger sind in
dieser Beziehung die Formen, in welchen sich der Verkehr be-
wegt, und diese erschöpfen sich mit der Zeit. Es sind vielleicht
auf so manchem Stück Erde Jahrhunderte vergangen, ohne daß
trotz des stets wachsenden Verkehres auch nur eine einzige neue
Vertragsart entstanden worden wäre. Dann hat aber auch die
Nothwendigkeit fortwährender Anpassung des Rechtes an neu
entstandene Verhältnisse ihren Höhepunkt überschritten. Die einzelnen Fälle, wo eine Abweichung vom gemeinen Rechte nothwendig war, mochten Anfangs sehr verschieden beurtheilt werden
— hatte sich doch ein englischer Schriftsteller ausgedrückt —

[16] Die formula des Prätors war keine definitive, aber doch eine
Entscheidung. Bei der extraordinaria cognitio war die Entscheidung des
Prätors eine definitive.

[17] Vergl. darüber Keller's Actionen, Bd. I, S. 161; Bd. II,
S. 7, 13 u. f. w.

equity sei wie des Chancellor Fuß, der eine Chancellor habe
einen großen Fuß, der andere Chancellor einen kleinen Fuß,
der dritte Chancellor einen mittleren Fuß [20]! Bald bürgert sich
aber auch hier Gleichförmigkeit ein, ähnliche einfache Fälle kommen
häufig vor und werden aus denselben Gründen immer gleich
entschieden; man überzeugt sich, daß sich auch hier feste Regeln
aufstellen lassen und wendet nun diese festen Regeln auch bei
der Entscheidung seltenerer, complicirterer Fälle an. So entstanden
die edicta tralaticia, so durfte sich gegen den oben angeführten Ausspruch von Selden ein Chancellor (Lord Elden)
auf's Feierlichste verwahren: er entscheide stets nach denselben
Principien [21] — und die englische Jurisprudenz bestätigt dies
auch vollständig [22]. Dieser Niederschlag der in solcher Weise seit
Erstarrung des alten Rechts neu entstandenen Rechtsgrundsätze
wurde dann wieder gesammelt, codificirt, in Rom officiell von
Salvius Julianus, in England in zahlreichen nicht officiellen
Sammlungen, so daß mit der Zeit jeder Unterschied zwischen
diesem und dem alten Rechte schwindet, bis er endlich auch formell
abgeschafft wird — in Rom in Folge der legislatorischen Thätigkeit Justinians, in England durch den Judicature act vom
Jahre 1873, welcher bestimmte, daß, so oft auf dem Gebiete des
materiellen Rechtes die Regeln der equity mit denen des common law im Widerspruche stehen, die ersteren den Vorzug
haben sollen. Schon viel früher erhob man das Recht der equity
zum gemeinen Rechte und erkannte z. B. einem einzigen Erbrechte, nämlich das
Recht des cestui que use zu einem legal estate durch das
Statute of uses (27 Hen. VIII. c. 10 [23]).

Ganz anders war die Entwickelung bei fast allen Völkern
des Continents seit dem Mittelalter [24]. In dem Augenblicke,
da der Verkehr solch' einen Aufschwung nahm, daß man mit
dem alten Rechte nicht mehr auskommen konnte, griff man zu
einem fremden Rechte, man recipirte das römische Recht. Die
Reception des römischen Rechts mochte sehr räthselhaft erscheinen,
so lange man geglaubt hatte, sie stehe einzig da in der Ge-

[20] Selden citirt bei Stephen a. a. O., Bd. III, S. 478, N. n.

[21] Thomas Erskine Holland: The elements of Jurisprudence. Third edition p. 69 ss. macht auf die parallele Entwickelung der
englischen equity und des prätorischen Rechtes aufmerksam und führt
dies in's Detail durch. Sogar das bonitarische Eigenthum hatte ein
Seitenstück im Rechte des common use que use und restui que trust.

[22] Stephen a. a. O., Bd. III, S. 478 (die Stelle ist Black-
stone entnommen); Kent: Commentaries on American Law. Twelfth
edition. Boston 1873. Vol. I, pag. 490: a court of equity becomes in
the lapse of time by gradual and almost imperceptible degrees a
court of strict technical jurisprudence like a court of law.

[23] Stephen a. a. O., Bd. I, S. 356 flg, 533 flg. ; Kent a. a. O.
Vol. IV, p. 291.

[24] Eine Ausnahme bilden namentlich die Ungarn und Slaven.

schichte — heute weiß man, daß die Reception fremder Rechte ein Ereigniß ist, welches sich relativ häufig wiederholt, und ist auch keineswegs schwer zu erklären. Alle socialen Institute, die Familie, die Ehe, die Regierungs- nicht minder wie die Höflichkeitsformen entwickeln sich selbst bei Völkern, die nie in Berührung kamen, im Wesentlichen in gleicher Weise. So war das Gesammteigenthum der Gemeinde beinahe überall eine Uebergangsstufe zum gegenwärtigen Privateigenthum[25]). Hat nun aber der Verkehr eine gewisse Entwickelungsstufe erreicht, so bildet sich überall auch ein ähnliches Verkehrsrecht aus und es ist daher leicht zu begreifen, daß das fremde für einen höher entwickelten Verkehr berechnete Recht einem reicheren Verkehrsleben ganz ungleichlich besser entsprechen muß als das einheimische Recht, welches für primitive Verhältnisse geschaffen wurde[26]). Das Fremdartige wird abgestoßen oder modificirt; für Institute, welche das fremde Recht nicht kennt, das einheimische Recht beibehalten; aber auch das, was man recipirt, wird mit autochthonen Ideen so lange versetzt, bis es vollständig assimilirt erscheint[27]), und im Großen und Ganzen wird mit der Reception, nach einem glücklichen Ausdrucke Zitelmann's[28]), doch nur die eigene Rechtsentwickelung anticipirt. Jene Kraft, welche dadurch frei wird, daß die Production eines neuen Rechtes entbehrlich wurde, wird nun zum Ausbau und Fortbau des Vorhandenen verwendet. Für die Schaffung eines besonderen Organs, um das geltende Recht mit den Bedürfnissen des fortschreitenden Verkehres in Einklang zu bringen, liegt keine Nothwendigkeit vor. Es ist klar, daß durch diese Entwickelung der, wie oben ausgeführt wurde, schon früher entstandene Grundsatz, daß der Richter an das Gesetz gebunden ist, noch mehr an Boden gewinnt, denn das recipirte Recht reicht einerseits — etwa hie und da in Verbindung mit dem alten einheimischen — vollständig für die Verhältnisse aus, andererseits bildet es eine feste, organisch zusammenhängende Masse, an der sich wohl viel herumdeuten, aber nichts ändern läßt.

Insoweit diese Ausführungen für den gegenwärtigen Rechtszustand zutreffen, ist damit die Ansicht von Delamarre, Lepoitvin, Abicks und Schloßmann ganz entschieden unrichtig. Eigentlich ist ihr schon durch die Aufnahme, die sie gefunden hat, jeder Boden entzogen, denn eine Ansicht, welche der „subjectiven Vernunft", dem „Rechtsgefühl", eine entscheidende Autorität beimißt, ist doch jedenfalls entschieden, wenn sie von eben dieser subjectiven Vernunft, vom Rechtsbewußtsein, abgelehnt wird. Einen Einfluß auf die Praxis hat sie nirgends ausgeübt, wenigstens keinen, dessen sich dieselbe bewußt worden wäre, und die energische Verwahrung gegen die heutige Geltung der actio doli und exceptio doli generalis, welche Römer, die bedeutendsten deutschen Praktiker und Reichsgerichtsrath, einlegten[29]), kann einen Maßstab dafür abgeben, wie er sich über die Anschauungen von Abicks oder Schloßmann geäußert hatte. Eben so ablehnend verhält sich die Theorie[30]); von den vielen günstigen Urtheilen über das Buch von Schloßmann und Abicks, welche mir bekannt geworden sind, bezieht sich keines auf diese Lehren. Befragt man aber sein eigenes Rechtsbewußtsein, so erhält man ebenfalls keine andere Antwort. Ueber so subjective Dinge läßt sich natürlich nicht viel streiten, es scheint jedoch keinem Zweifel zu unterliegen, daß eine noch so unbillige, aber im positiven Rechte begründete Entscheidung keineswegs das Rechtsgefühl so sehr verletzt wie eine Entscheidung, die man in Ermangelung einer Begründung im positiven Rechte, nur als willkürlich ansehen

kann — denn für die Billigkeitsgründe wird eine Partei, zu deren Ungunsten die Entscheidung ausfiel, schwerlich viel Verständniß haben. Dann, und nur dann entsteht jenes brennende Gefühl, welches Jhering mit solcher Kraft zu schildern versteht, wenn wir uns überzeugen, daß wir dort, wo wir Recht gesucht haben, Willkür fanden. Es ist freilich nicht leicht, darüber einen directen Beweis zu führen, eben so wenig wie es sich beweisen läßt, daß etwas roth oder blau ist; wer es nicht sieht, ist eben farbenblind. Aber der Grundsatz: Gesetze wirken nicht zurück — hat mit dem hier in Rede stehenden so viele Aehnlichkeit und wird so allgemein anerkannt, daß ein Hinweis auf denselben wohl geeignet erscheinen muß, die hier vertheidigte Position zu kräftigen.

Man beruft sich wohl auch darauf, daß ein Gewohnheitsrecht nach der herrschenden Lehre nur durch langjährige Uebung entsteht und daß es inzwischen doch geübt und als verpflichtend anerkannt werden muß, obwohl es noch nicht Gewohnheitsrecht ist. Das beweist aber doch nur, daß die richtige Theorie des Gewohnheitsrechtes jene ist, welche es schon dann als entstanden betrachtet, wenn im Rechtsbewußtsein des Volkes ein neuer Rechtssatz mit solch' zwingender Kraft und elementarer Gewalt nach Geltung ringt, daß er alle Hindernisse überwindet, welche sich ihm entgegenstellen[31]). Damit ist freilich nicht gesagt, daß es keinen Sinn hat, die Anerkennung des Gewohnheitsrechtes an gewisse Voraussetzungen zu knüpfen als: langjährige constante Uebung, opinio necessitatis ec. Dies hat einen ganz vernünftigen Sinn: zu hindern, daß der Richter in leichtfertiger Weise, ohne zwingende Nothwendigkeit, ein Gewohnheitsrecht annehme; es fällt mit dem Bestreben zusammen, den Richter nach Möglichkeit an das Gesetz zu binden, und bestätigt die obigen Ausführungen. Von diesem Standpunkte aus kann auch das Verbot des Gewohnheitsrechtes gebilligt werden: denn daß ein solches Verbot die Entstehung des Gewohnheitsrechtes wohl erschweren, aber nicht hindern kann, das lehrt das Beispiel Oesterreichs, wo es besteht und wo der Richterstand dem Gewohnheitsrechte sehr abgeneigt ist. Zitelmann irrt, wenn er das Gegentheil annimmt[32]), auch in Oesterreich lassen sich nämlich einige wenige Gewohnheitsrechte nachweisen: im Widerspruche mit der ausdrücklichen Anordnung des §. 403 der a. G. O. wird eine Klage dem Gegner zugestellt, auch wenn der Kläger weder actorische Caution bestellt noch in der Provinz „zumbar saßhaft bemittelt" ist. Nur auf Gewohnheitsrechte lassen sich ferner zurückführen: die außerordentliche Liberalität der Gerichte in der Bestellung des Curator absentis, welche weit über die gesetzlichen Bestimmungen hinausgeht, die laxe Handhabung der Vorschriften über den Gerichtsstand des Vertrages, welcher beinahe in dem Maße zugelassen wird, wie es nach dem gemeinen Civilprocesse[33] war, obwohl er nur durch ausdrückliche Verabredung begründet werden dürfte, wohl auch schon die Begründung des Gerichtsstandes des Vertrages durch den Facturenbeisatz: „zahlbar in X" — und zwar nicht bei Handelsgeschäften. Wendet man dagegen ein, daß diese Beispiele meist einen processualen Charakter haben und daß im Proceßrechte der Geltung des Gewohnheitsrechtes allerdings nichts entgegensteht[34]), so ist dagegen zu bemerken, daß dies für die zuerst erwähnten Regeln nur zur Hälfte zutrifft, daß ferner der österreichische Richterstand ganz ebenso das Verbot des Gewohnheitsrechtes auch auf das Civilproceßrecht bezieht, und dies entscheidet doch wohl hier, wo es sich nicht darum handelt, welchen Umfang dieses Verbot dogmatisch besitzt, sondern lediglich darum, ob die Ueberzeugung des Richters, er dürfe das Gewohnheitsrecht nicht beachten, die Entstehung desselben hindert oder nicht.

---

[25]) Vergl. Laveleye: De la propriété et de ses formes primitives 1874; Spencer: Political Institutions S. 628.

[26]) Vergl. Zitelmann: Die Möglichkeit eines Weltrechts. Wien 1888, S. 23, und „Juristische Blätter" ex 1888, S. 161 flg.

[27]) Wachen: Die Lehre vom Vertrage bei den italienischen Juristen des Mittelalters, 1882, in dieser Beziehung sehr belehrend.

[28]) a. a. O. S. 174.

[29]) Goldschmidt'sche Zeitschrift Bd. XX, S. 62 flg., 49 flg.

[30]) Gegen Dellamarre und Lepoitvin ist sehr scharf geäußert in Frankreich sehr entschieden Upon Cabn und Renault: Précis du droit commercial S. 27 N. a; Kipert in der Revue pratique de droit français. Vol. XXXVII, p. 149.

[31]) Vergl. Zitelmann: Archiv für civilistische Praxis Bd. LXVI, S. 446.

[32]) a. a. O. S. 446.

[33]) Vergl. Glaser-Unger Bd. VII, Nr. 3338; Bd. XVI, Nr. 7064, 7166; Bd. XXII, Nr. 10008.

[34]) Vergl. Anton Menger: System des österreichischen Civilproceßrechtes S. 83, und vortlefilt über noch einige österreichische Gewohnheitsrechte; außerdem neuestens Hölder: Archiv für civilistische Praxis, Bd. LXXIII, S. 17 flg.

Troß allebem schwindet aber das Bedürfniß einer rascheren
Rechtsfortbildung, als es auf dem Wege der Gesetzgebung und
des Gewohnheitsrechtes möglich wäre, auch in dieser Periode
nie ganz. Bis zu einem gewissen Grade wird demselben durch
die Autorität der Präjudicien Rechnung getragen. Diese unter-
scheiben sich von den Regeln der equity, des prätorischen Rechtes,
kaum in Bezug auf ihre Kraft, wohl aber in Bezug auf den
Wirkungskreis. Neue Rechtsgrundsätze können und wollen sie
nicht einführen, sie beschränken sich auf den Ausbau der vorhandenen, den sie in's Detail durchzuführen trachten, und zwar
immer unter dem Mantel einer richtigen Gesetzesinterpretation [84]).

(Fortsetzung folgt.)

Pränumerations-Preis

inclusive der Entscheidungen
des k. k. Verwaltungs-Gerichtshofes:

Portofrei zugestellt für
Oesterreich-Ungarn:

Ganzjährig . . . . . . 10 fl.
Halbjährig . . . . . . 5 fl.

Für das Ausland:
20 Mark.

Einzelne Nummern kosten 25 kr.

Juristische Blätter.

Herausgeber und Redacteur:
Dr. Max Burian.

MOTTO: Verbum temporis illa, res immutabili.

Redaction und Administration:
I. Wipplingergasse 8.

Erscheint jeden Sonntag.

Reclamationen werden nur
14 Tage nach Erscheinen der
Nummer berücksichtigt.

Unverlangte Manuscripte
sind portofrei.

Manuscripte werden nicht zurückgegeben.

Inserate werden nach dem
Tarife berechnet.

30. September 1888. — **Nr. 40.** — **XVII. Jahrgang.**

Ueber Lücken im Rechte.
Von Dr. E. Ehrlich.

(Fortsetzung.)

Die ganze vorstehende Erörterung, wesentlich historischer und rechtsvergleichender Natur, wäre in einer dogmatischen Abhandlung gewiß übel angebracht, wenn sie nicht eine auch für das heutige Verkehrsrecht überaus praktische Frage betreffen würde: denn es unterliegt keinem Zweifel, daß unser Handelsrecht zu einem sehr großen Theile sich in einem ebenso flüssigen Zustande befindet, wie das römische Recht zu einer Zeit, da der Prätor seine Machtvollkommenheit am reichlichsten entfaltete. Es ist dies auch keineswegs schwer zu erklären: auf das Handelsrecht bezog sich die Reception des römischen Rechtes nicht, es gehört nicht zu den Bestandtheilen der großen römischen Erbschaft.

Das römische Recht ist nämlich wesentlich ein Recht des Platzverkehres und wie geschaffen, um den Distanzverkehr einerseits unmöglich zu machen, andererseits den Mangel so wenig als möglich hervortreten zu lassen. Die wichtigsten juristischen Hebel des Distanzverkehres, wie er sich und heute darstellt, sind: Formlosigkeit der Geschäfte, Stellvertretung und der Wechsel. Alle drei waren dem römischen Rechte beinahe, wenn nicht ganz unbekannt. Die Verträge waren formell, und zwar setzen die Formen überall die Anwesenheit beider Contrahenten voraus[36], selbst an das wichtigste Geschäft des Verkehrsrechtes, den Kauf, mußten in der Regel Stipulationen sich anschließen, so daß regelmäßig der Kauf zum Platzgeschäfte wurde. Die Stellvertretung war, wie es scheint, nur in sehr beschränktem Maße zulässig[37], aber selbst wenn man annimmt, daß sie rechtlich anerkannt war, so zeugt doch ihr seltenes Vorkommen in den Quellen, selbst bei der freiesten Behandlung derselben, für ihre geringe Bedeutung im Verkehre. Dagegen waren der Abschluß von Geschäften durch Sklaven, durch den institor und magister navis, ferner der iussus, vortrefflich dazu angethan, daß das Distanzgeschäft, wo es unumgänglich nöthig wurde, durch ein künstliches Platzgeschäft zu ersetzen. So ist es denn erklärlich, daß sich im römischen Rechte gar keine Bestimmungen über Verträge unter Abwesenden vorfinden, daß die Bestimmungen des römischen Transportrechtes bei einem irgendwie verwickelteren Distanzverkehre versagen, daß es höchstens dürftige Andeutungen enthält, welche für die Construction des Rechtes des Commissionshandels im modernen Sinne verwerthbar erscheinen.

[36] Vergl. Mitteis: Die Lehre von der Stellvertretung. Wien 1885, S. 13 fg.
[37] Mitteis a. a. O. S. 32.

Der neueren Rechtsentwickelung blieb es vorbehalten, das römische Recht in dieser Richtung zu ergänzen. Der Hauptsache nach wurde die Aufgabe schon in früheren Jahrhunderten gelöst und durch die civilrechtlichen Codificationen des XVIII. und XIX. Jahrhundertes vollendet. Sie enthielten in dieser Beziehung insbesondere Bestimmungen über Verträge unter Abwesenden und die Stellvertretung im Rechtsgeschäften. Daneben bestanden noch besondere Handelsgesetze, welche namentlich das Recht der kaufmännischen Unternehmungsformen, Wechselrecht, Mäkler und Börsen, endlich den Handelsproceß betrafen. Nur das classische Volk der Codification, die Franzosen, ging auch hier einen eigenen Weg. Es verband alle letzterwähnten Bestimmungen so wie einzelne Normen über den Distanzverkehr zu einem besonderen Gesetze, dem Code de commerce, und wurde dadurch maßgebend für die spätere Gestaltung des Handelsrechtes, wenigstens in formeller Beziehung. Im Uebrigen wurde auch in Frankreich der Distanzverkehr größtentheils vom Code Napoléon geregelt. Mit dem Code de commerce erscheint aber nicht bloß eine Entwickelungsperiode des Handelsrechtes abgeschlossen, sondern er steht auch an der Scheide zweier Entwickelungsperioden des Handels.

Schon die Beendigung der Napoleonischen Kriege mußte von großem Einflusse sein, denn sie war eine mächtige Anregung zur so lange vernachlässigten wirthschaftlichen Thätigkeit, zur Nachholung des Versäumten; dazu kommen die überaus zahlreichen technischen Erfindungen vom Ende des XVIII. und Anfang des XIX. Jahrhundertes, welche erst seit den Zwanziger-jahren dieses Jahrhundertes die rechte Verwerthung fanden, der nie geahnte Aufschwung des Verkehrsmittelwesens und die plötzliche Hebung des Geldumlaufes durch Entdeckung neuer Goldadern. Hält man sich vor Augen diese fast märchenhafte Entwickelung der Volkswirthschaft bis zu einer industriellen Production, die in einem Tage vielleicht mehr Güter hervorbringt, als früher in einem Jahrhunderte möglich war, und berücksichtigt ferner, daß die Zusammenstimmung individueller Interessen, welche, wie Spencer[38] nachgewiesen hat, eines der wichtigsten, die Rechterzeugung treibenden Momente ist, beim Handelsstande am leichtesten zum Bewußtsein kommt, wie die Geschichte der wirthschaftlichen Bewegungen und auch die tägliche Erfahrung zeigt; zieht man in Betracht, daß jene Theorie beim Handelsstande am frühesten zur herrschenden wird, welche Spencer als allerletzte in der Rechtsentwickelung bezeichnet: that the source of legal obligation is the consensus of individual interests itself and not the will of a majority determined by their

[38] Political institutions S. 620 fg.

opinion concerning it which may or may not be right [30]), wie dies die nähere Erörterung der handelsrechtlichen Praxis wohl zur Genüge darthun wird, so erhält man die richtige Folie für den einzigen Satz: Das Handelsrecht des XIX. Jahrhunderts konnte nicht mehr das alte bleiben. Und da die Gesetzgebung mit dieser mächtigen Entwickelung unmöglich Schritt halten konnte, so mußte sich das Bedürfniß nach neuem Rechte in einer anderen Weise Bahn brechen. Die kaufmännischen Gilden waren schon im Mittelalter Depositare des kaufmännischen Gewohnheitsrechtes: dieser Wirkungskreis gewann jetzt naturgemäß an Intensität. Von demselben codificirten Manche sogar das Gewohnheitsrecht. So bedeutend auch ihre Leistungen im Einzelnen waren, zu einer annähernd so großen Bedeutung für die Rechtsfortbildung, wie etwa die Thätigkeit des Prätors oder des Chancellors sie hatte, brachten sie es nicht [40]). Die Aufgabe, das Recht dem Bedürfnisse des Verkehres zu accommodiren, fiel daher der Hauptsache nach doch dem Richterstande anheim. Diesem war es hier etwas Leichtes, derartigen Anforderungen zu entsprechen, als auf dem Gebiete des Civilrechtes, da die Richter in Handelssachen selbst theilweise oder auch ganz dem Handelsstande entnommen werden, andererseits knüpft man in Handelssachen die Entstehung des Gewohnheitsrechtes an minder strenge Voraussetzungen. Und ein solches bildete sich nun um diese Zeit mit unglaublicher Raschheit; fortwährend standen die Gerichte einer neuen Entwickelung gegenüber, einer Entwickelung, die sich fast vor ihren Augen vollzog; die zu ihnen drang: durch die „ungebührlichsten Advocatenschriften", durch die Gutachten der Sachverständigen, durch die Aeußerungen der kaufmännischen Beisitzer, namentlich aber durch die unmittelbare Anschauung der Richter selber, und überhaupt durch alle Poren, welche dem warm pulsirenden Leben den Weg selbst in die pedantischesten Büreaus frei ließen: kein Richter konnte sich dem überwältigenden Einflusse entziehen. Da wurde aber wieder die Scheidegrenze zwischen Recht und Richterrecht den so schwankend wie in den ersten Stadien der Rechtsentwickelung; und da man das Princip, daß der Richter an das Gesetz gebunden ist, nicht verlassen konnte und wollte, so mußte man nach Mitteln und Wegen suchen, wie man das neue Recht den Entscheidungen zu Grunde legen, aber dieselben doch als im geltenden positiven Rechte begründet erscheinen lassen könnte. Dies erreichte man nun am besten durch allgemeine Wendungen, wie dem Hinweis auf die Nothwendigkeit, Treu und Glauben im Verkehre zu wahren, die Berufung auf die römischen Begriffe des dolus generalis und der exceptio doli generalis, unter welche sich alles Mögliche unterbringen ließ, auf die Regel, daß sich Niemand auf seinen dolus berufen dürfe, wobei man den Ausdruck dolus wieder in einem ganz allgemeinen, dem dolus generalis verwandten Sinne nahm [41]). Schon daraus erhellt man, daß es Entscheidungsgründe waren, welche mit geringen Aenderungen auch als Motive zu einem Gesetzentwurfe würden dienen können.

Daran konnte das allgemeine deutsche Handelsgesetzbuch nicht viel ändern, denn zugleich dem Corpus juris und den civilrechtlichen Gesetzen des XVIII. und XIX. Jahrhunderts, war es eine Entwickelungsperiode des Rechtes keineswegs abgeschlossen, sondern entstand mitten während der Uebergangsperiode, und zwar zu einer Zeit, da die Wogen am höchsten gingen, da der Bau der Hauptlinien der continentalen Eisenbahnen noch theilweise gar nicht beendet war, zu einer Zeit, da die Goldschätze Californiens eben erst entdeckt wurden; Savigny hätte jener Zeit gewiß in letzter Linie den Beruf zur Gesetzgebung zugestanden. Und so entstand es denn als das unfertigste aller Gesetzbücher, die je gegolten haben [42]). Deswegen ist es auch voller Lücken und

Halbheiten, deswegen gibt es auch gar kein Bild des geltenden, des wirklich geübten Handelsrechtes; die Entwickelung des Handelsrechtes ging darüber hinweg. Dies erzeugte aber die Täuschung, als ob das Handelsrecht überhaupt zur Gänze nicht modificirbar, als ob es seiner Natur nach ein fortwährend in Bildung begriffenes sei, zum Unterschiede von dem stabilen, conservativen Civilrecht. [43]) In dieser Allgemeinheit ist das jedoch gewiß unrichtig, es gibt gewiß Perioden, wo die Entwickelung des Handelsrechtes ebensogut stille steht, wie überhaupt die ganze Entwickelung der Menschheit; wohl aber war dies ein charakteristisches Merkmal des Handelsrechtes während einer Uebergangsperiode, wie wir allem Anscheine nach bereits hinter uns haben.

Um die Feststellung dieses so entstandenen Gewohnheitsrechtes haben sich namentlich die Gerichte größerer Handelsstädte, insbesondere das Oberappellationsgericht Lübeck und das Appellationsgericht Nürnberg, verdient gemacht. Zusammengefaßt wurden die meisten Ergebnisse dieser Praxis vom früheren Reichsoberhandelsgerichte. Das gegenwärtige Reichsgericht steht im Ganzen, wie es scheint, bereits einem fertigen Product gegenüber [44]). Dem sei wie ihm wolle: so viel ist klar, daß wir in der neuesten Zeit eine Periode durchgemacht haben, für welche jene Grundsätze, die Schloßmann, Abicke, Delamarre und Depollin für die Rechtspflege aufstellten, thatsächlich in Uebung waren.

Da man diese Praxis der Handelsgerichte jedoch leicht mißverstehen könnte, so ist es gerathen, an einer Stichprobe die Richtigkeit des oben Ausgeführten nachzuweisen. Dies mag an der Rechtsprechung des früheren Reichsoberhandelsgerichtes versucht werden, wie sie in der officiellen Sammlung dieses Gerichtshofes erscheint [45]).

[30]) So z. B. Gareis in Busch's Archiv, Bd XXVIII, S. 5 flg.; Endemann: Lehrbuch, 3. Aufl., S. 34 f. f.

[40]) Vergl. das Citat aus der „Kölnischen Zeitung" bei Henrici: Ihering's Jahrbücher Bd. XXIV, S. 8.

[41]) So handelt sich hier ausschließlich um jene in die officielle Sammlung aufgenommenen reichsoberhandelsgerichtlichen Entscheidungen, in welchen eine Berufung auf bona fides, Treu und Glauben 2c. vorkommt. Die Heranziehung anderer Entscheidungen als der reichsoberhandelsgerichtlichen erschien für den Zweck dieser Abhandlung: zu zeigen, daß denselben teils annähernd gemeinsamet Princip zu Grunde liegt, überflüssig, denn sie würden jedenfalls dieses Ergebniß nur bestätigen, nicht ändern können; Vieles soll anderweitig vervollert werden. Um eine linguistische Abhandlung über das Vorkommen der erwähnten Ausdrücke handelt es hier doch nicht, überdies könnte die Massenhaftigkeit des Materiales nur verwirren. Ich beschränke mich daher hier auf die bloße Anführung jener Entscheidungen, die mir während der Arbeit aufgefallen sind, ohne davon eine weitere Erörterung zu knüpfen. Die Berufung auf die bona fides kommt vor in den Entscheidungen: Seuffert's Archiv Bd. I, S. 166 (Lübeck) Bd. V, S. 198 (Lübeck); Bd. IX, S. 27 (Lübeck); Bd. XI, S. 164 (Lübeck) Bd. XIV, S. 201, (Wolfenbüttel) Bd. XXV, S. 176 (Wolfenbüttel) Bd. XXVIII, S. 26 (R. O. H. G.) Bd. XXIX, S. 245 (Celle); Bd. XXX, S. 119 (Wolfenbüttel) Bd. XL, S. 397 (Braunschweig). — Busch's Archiv Bd. V, S. 180 (Kreisgericht zu Gera in Preußen); Bd. XIII, S. 242 (?Cpf. R. J. Eisenach, Juristenfacultät Göttingen); Bd. XXII, S. 281 (Stuttgart); Kirwff's Sammlung Bd. I, S. 921, 642, V, 151; Aedermann's Jahrbuch aus den Erkenntnissen der O. J. M. Dresden Bd. IV, S. 47. Treu und Glauben wird berufen: Seuffert Bd. IV, S. 337 (Celle) Bd. V, S. 69 (Darmstadt); Bd. XIX, S. 49 (Lübeck); Bd. XXII, S. 467 (Nürnberg); Bd. XXV, S. 55 (Dresden) (— Busch Bd. XVIII, S. 422); Bd. XXXII, S. 449; Bd. XXXIII, S. 356 (R. O. H. G.) Bd. XXXVI, S. 82 (R. G.); Bd. XXXVII, S. 288 (Stuttgart); Bd. XXXIX, S. 62, 197 (R. G.); Zeitschrift für Rechtspflege und Verwaltung Bd. II.J, S. 58 (N. G.); Bd. XLIII, S. 236; Sammlung von Entscheidungen des O. H. G. für Bayern in Gegenständen des Handels- und Wechselrechtes Bd. I, S. 94 (J. H. G. Nürnberg); Bd. III, S. 685 (J. H. G. München); Aedermann: Rechtsfälle aus den Entscheidungen Bd. XV, S. 87. Der Ausdruck „guter Glaube": Busch's Archiv Bd. XXII, S. 359 flg. (Darmstadt); Zeitschrift für Rechtspflege und Verwaltung Bd. XIX, S. 367; Aedermann Bd. X, S. 206. Schuldige Treue: Seuffert Bd. XXXVI, S. 78 (R. G.). Der Ausdruck „Rechts- und Billigkeitsgefühl": Seuffert Bd. I, S. 141 (München). Dieses Verzeichniß, welches durch jahrelange Entscheidungen in der Geschäftsschreib Zeitschrift, die im Index derselben zusammengestellt erscheinen, leicht ergänzt werden kann, mag zur Illustrirung der Ausführungen im Texte dienen. Berücksichtigt sind daher hier jene Entscheidungen, welche als Vorläufer der im Texte besprochenen reichsoberhandelsgerichtlichen Praxis gelten können oder sich an dieselbe anschließen:

[37]) Vergl. darüber neuestens Leroy-Beaulieu in der Revue de deux mondes. Tome LXXXVIII, p. 931. Auch die equity ist zum großen Theil Handelsrecht. Als Schöpfer des englischen Handelsrechtes gilt der Chancellor Lord Mansfield. Kent a. a. O. Vol. I, p. 497.

[38]) Vergl. a. a. O. S. 623.

[39]) Vergl. über eine ähnliche Richtung im Strafrechte Benedikt, „Juristische Blätter" aus 1887, S. 209.

[42]) Vergl. darüber auch Andreas Heusler in der Zeitschrift für schweiz. Recht, Bd. XII, S. 163 flg.

Das Reichsoberhandelsgericht hat es nie mit dürren Worten gesagt, daß es in einem concreten Falle ein neu entstandenes Gewohnheitsrecht zur Anwendung bringt, sondern hat die betreffenden Entscheidungen in der Regel durch Berufung auf das Princip von Treu und Glauben, auf die bona fides mit der Rücksicht auf das arglistige, dolose Verhalten einer Partei begründet, und es adoptirte in dieser Beziehung häufig nicht blos die Gründe der oben erwähnten Handelsgerichte Nürnberg und Lübeck, sondern copirte sogar deren Ausdrucksweise. Es wäre übrigens vielleicht entsprechender, der Würde und Autorität eines Gerichtshofes von diesem Range und wohlverdientem Ansehen angemessener, wenn diese Entscheidungsgründe als nichts Anderes ausgegeben hätte, als was sie in der That waren: als Anwendung neuer Rechtsgrundsätze.

Häufig beruft sich das Reichsoberhandelsgericht auf das Princip von Treu und Glauben freilich auch, wo das zur Begründung der Entscheidung keineswegs nothwendig erscheint, wo man mit den Grundsätzen des geltenden positiven Rechtes ganz gut hätte auskommen können. Dann ist der Ausdruck eben nur rhetorische Phrase, bestimmt, die juristische Verurtheilung durch die moralische Brandmarkung zu verstärken. So um die Nichtberücksichtigung einseitiger, hinter dem Rücken des anderen Theiles gemachter Verwahrungen in gemeinschaftlich geführten Geschäftsbüchern[45]) oder des Facturenvermerks „zahlbar in X"[47]) zu begründen, um die Nichtbeachtung gewisser unglaublicher thatsächlicher Anführungen[48]) zu rechtfertigen[48]).

Eben so überflüssig erscheint diese Ausdrucksweise, wo es sich nur um die Interpretation einer Gesetzesstelle handelt, denn es unterliegt keinem Zweifel, daß man bei Anwendung allgemeiner Interpretationsregeln zu ganz demselben Resultate kommen müßte. So wird es als gegen Treu und Glauben verstoßend angesehen, wenn der Machtgeber, welcher jene Person, die sich mit seinem Bevollmächtigten in Unterhandlungen eingelassen haben, trotzdem er von den Unterhandlungen weiß, vom Widerrufe der Vollmacht nicht verständigt hatte (§§. 167 und 168, Theil I, Tit. 13 A. L. R.), nachher vom Bevollmächtigten in seinem Namen vorgenommene Rechtshandlungen im Widerspruche mit diesen Gesetzesstellen nicht anerkennen will[48]). Aehnlich in vielen anderen Entscheidungen. Zweifelhaft ist die Interpretation des Ausdruckes „insoweit" im §. 90, Tit. 13, Theil I. A. L. R. „Insoweit" der Bevollmächtigte die Vollmacht überschreitet ist das Geschäft ungiltig; die Frage ist aber, ob die Ungiltigkeit sich auf das ganze Geschäft erstreckt, oder nur „insoweit" als die Vollmacht überschritten wurde, so daß der Dritte es insoferne geltend machen kann, als es der Vollmacht entspricht. Das Reichsoberhandelsgericht hat sich der letzteren Ansicht zugeneigt mitRücksicht auf die Natur des Mandats als eines nach Treu und Glauben zu behandelnden Vertrages. Kann der Commissionär, welcher als Selbstkäufer eintritt, ohne die im Art. 361 des Handelsgesetzbuches vorgeschriebene Anzeige davon gemacht zu haben, bei der Berechnung des Kaufpreises aus dem Zeitraume, welcher ihm zur Besorgung des Auftrages gegönnt war, einen beliebigen Zeitpunkt herausgreifen und nachher erklären, daß er als in diesem Zeitpunkte laufend oder verlaufend betrachtet sein will? Keineswegs! Eine solche Interpretation des Artikels 376 Handelsgesetzbuches „würde mit den Principien der Billigkeit und des guten Glaubens, wie sie den kaufmännischen Verkehr beherrschen, im grellen Widerspruche stehen", sie würde „den Committenten der Willkür des Commissionärs preisgeben", daher ist für die Berechnung des Börsen- oder Marktpreises, zu welchem der Commissionär als Selbst-

käufer oder Selbstverkäufer eintritt, in der Regel der Zeitpunkt der dem Committenten gemachten Anzeige maßgebend[50]). In diesem Sinne hat auch das Reichsgericht entschieden, ohne es für nöthig zu halten, das Princip von Treu und Glauben heranzuziehen[51]).

(Fortsetzung folgt.)

Einen Anspruch auf Vollständigkeit erhebt es übrigens um so weniger, als die Entscheidungen von einem ganz anderen Gesichtspunkte aus gesammelt wurden. Vergl. übrigens noch den Ausdruck: mauvaise grâce pour ne pas dire plus in der Entscheidung des Tribunals Pont-Audemer bei Dalloz: Jurisprudence générale Bd. 65, S. 134.
[45]) R. O. H. G. Bd. III, S. 427.
[47]) R. O. H. G. Bd. XXII, S. 146.
[48]) R. O. H. G. Bd. X 191 Bd. XXII, S. 81.
[48]) R. O. H. G. Bd. IV, S. 305.

Juristische Blätter.

Herausgeber und Redacteur:
Dr. Max Burian.

MOTTO: Veritas tempore filia, non auctoritatis.

7. October 1888.   Nr. 41.   XVII. Jahrgang.

Pränumerations-Preis
inclusive der Gerichtszeitungen
und I. Verwaltungs-Gerichtshofes:

Versenden zugestellt für
Oesterreich-Ungarn:
Ganzjährig . . . . 10 fl
Halbjährig . . . . . 5 fl
Für das Ausland:
20 Mark

Einzelne Exemplare kosten 30 kr.

Redaction und Administration:
I. Wollzeile Nr. 8.

Erscheint jeden Sonntag.

Reclamationen werden nur
11 Tage nach Erscheinen der
Nummer berücksichtigt.

Unverlangte Einsendungen
sind portofrei.

Manuscripte werden nicht zurückgegeben.

Inserate werden nach dem
Tarif berechnet.

Ueber Lücken im Rechte.

Von Dr. E. Ehrlich.

(Fortsetzung.)

So wird auch Art. 354 des Handelsgesetzbuches dahin interpretirt, daß ein Lottocollecteur, welcher Lose verkauft hat, die Zahlung aber an dem bestimmten Tage nicht erhielt, die Rücktrittsanzeige im Sinne des Art. 354 verspätet erstattet hat, wenn er inzwischen erfuhr, daß mehrere der verkauften Lose mit größeren Treffern gezogen wurden — denn jede andere Interpretation würde es dem Lottocollecteur ermöglichen, auf Kosten des Käufers zu speculiren[52]. Die Kündigung des Dienstverhältnisses an einen Angestellten unter der Bedingung: wenn seine Thätigkeit dem Geschäfte nicht größere Vortheile mit sich bringt, ist unwirksam, da sie wider Treu und Glauben verstößt; sie würde dem Principal die Möglichkeit offen lassen, den Angestellten zu behalten, der Letztere kann dann auch nicht recht wissen, ob er wegen eines anderen Engagements Anstalten treffen soll oder nicht[53]. Alle diese Interpretationen würden auch ohne die Berufung auf ein vages Princip gerechtfertigt erscheinen. Hieher kann übrigens auch eine ganz willkürliche Umschreibung des Ausdruckes „Betrug" im civilrechtlichen Sinne durch „Verletzung von Treu und Glauben", deren sich das Reichsoberhandelsgericht hie und da bedient, gezählt werden[54].

Ebensowenig verstößt es gegen die allgemeinen Grundsätze, wenn für die Interpretation der Verträge das Princip von Treu und Glauben maßgebend erklärt wird. Es ist dies nichts Anderes, als die schon im Artikel 278 und 279 vorgeschriebene Interpretationsregel: die Interpretation nach dem Willen der Contrahenten und der Verkehrssitte, nicht nach dem buchstäblichen Sinne des Ausdruckes[55]. So betont das Reichsoberhandelsgericht, daß das Fixgeschäft, trotz seiner strengen Natur, nach Treu und Glauben zu beurtheilen sei, daher der Wille der Parteien auch dann berücksichtigt werden muß, wenn er den Artikel 357 des Handelsgesetzbuches zuwiderläuft[56]. Außerdem geschieht dies häufig bei der Interpretation von Versicherungsverträgen[57], wo es aber schon nicht ganz mit dem Sinne des Art. 278 zusammenfällt, indem es nicht selten die Ablehnung einer chicanösen Interpretation des Versicherungsvertrages Seitens der Gesellschaft begründen soll, ohne Rücksicht auf die Absicht, welche die Versicherungsgesellschaft, als Verfasserin des Vertrages, bei der Verfassung der Versicherungsbedingungen geleitet haben mag. Bezweckt wird hier stets ein Schutz der Interessen des Versicherten, welcher über das, was durch den Inhalt des Vertrages geboten erscheint, weit hinausgeht. Davon wird weiter unten die Rede sein. Dagegen bedeutet der Ausdruck Treu und Glauben, bona fides, bei Entscheidungen, welche sich auf Versicherungsverträge beziehen, nicht selten blos den Gegensatz zur Lüge, Unwahrheit[58].

In vielen Fällen hat jedoch dieser Ausdruck mit der Interpretation des Vertrages nichts zu thun, er begründet nur die energische Ablehnung einer wissentlich unrichtigen Interpretation. Ein Contrahent erklärt z. B. das Telegramm, welches eine Offerte enthält, wörtlich verstanden zu haben, trotzdem er aus dem Wortlaute entnehmen mußte, es werde noch ein Brief folgen, welcher dasselbe näher erläutern dürfte. Dies verstößt wider Treu und Glauben[59]. Eben so handelt ein Contrahent arglistig (nicht „wider Treu und Glauben"), indem er dem Vertrage einen anderen Sinn unterschieben will als jenen, in welchem derselbe während der Vertragsunterhandlungen vom anderen Theile verstanden wurde, wenn er sich — trotzdem er es wußte — dagegen nicht verwahrt hatte[60]. Es ist klar, daß hier das Wort „arglistig" keineswegs so viel als bloße bedeuten kann, es kann nur eine eben so weite Bedeutung haben wie „Verletzung von Treu und Glauben".

Schon oben wurde angedeutet, daß die Interpretation des Versicherungsvertrages nach Treu und Glauben keineswegs dasselbe bedeutet wie Interpretation nach dem Willen der Parteien, daß sie vielmehr häufig einseitig das Interesse des Versicherten wahrnimmt, auch wenn die Absicht der Gesellschaft, welche doch wohl immer die Verfasserin des Versicherungsvertrages ist, erkennbar eine andere wäre. Fragt man nun nach der Berechtigung dieser Art, Versicherungsverträge zu interpretiren, so kann die Antwort nur dahin lauten: sie liegt in den jetzt schon theilweise feststehenden Gewohnheitsrechte in Versicherungssachen, dessen vom Willen der Parteien unabhängige Natur, trotz der schwankenden Umrisse, nicht zu verkennen ist[61]. Hier bietet sich endlich Ge-

---

52) R. O. H. G. Bd. IX, S. 60.
53) R. O. H. G. Bd. IV, S. 343.
54) Vgl. R. O. H. G. Bd. II, S. 26; Bd. VIII, S. 12.
55) Vergl. R. O. H. G. Bd. IV, S. 405; Bd. XI, S. 3.
56) R. O. H. G. Bd. I, S. 267.
57) R. O. Bd. III, S. 29.

58) R. O. H. G. Bd. V, S. 64; Bd. IX, S. 286; vergl. auch Bd. V, S. 170.
59) R. O. H. G. Bd. VI, S. 101.
60) R. O. H. G. Bd. V, S. 12.
61) R. O. H. G. Bd. IV, S. 65; R. G. Bd. X, S. 101 (Interpretation der Verwirkungsclausel nicht nach dem engen Wortsinn, sondern nach der „bona fides". Aehnlich auch das Urtheil eines Schiedsgerichtes zu Basel in der Zeitschrift für schweizerisches Recht Bd. XIII, S. 218, dessen sehr charakteristische Begründung die hier vertretene Auffassung vollkommen bestätigt. Hieher gehört auch R. O. H. G. IX, 286.

legenheit, den Ausdruck Treu und Glauben in einer neuen aber für den Gegenstand dieser Abhandlung wichtigsten Bedeutung zu begrüßen: er dient dazu, noch nicht genügend anerkanntes Gewohnheitsrecht in die Rechtsprechung einzuführen.

Es stimmt dies vollkommen mit dem überein, was oben von der Entstehung neuer Gewohnheitsrechtssätze ausgeführt wurde. Ein Gewohnheitsrechtssatz springt eben nicht fertig wie einst Minerva aus Jupiter's Haupte; bis es allgemein anerkannt wird, herrscht lange Zeit hindurch Schwanken und Ungewißheit über dessen Existenz. Man fühlt, daß man in einem gewissen Sinne entscheiden muß, daß jede andere Entscheidung das Rechtsbewußtsein verletzen würde, aber man sucht vergebens nach einer juristischen Begründung dieser Entscheidungen; da ist es leicht zu verstehen, daß sich der Richter hinter allgemeinen Phrasen versteckt, welche Alles und gar Nichts bedeuten, welche dem Leser, der ja ohnehin in der Sache selber mit der Entscheidung einverstanden ist, ermöglichen, den Gedanken fortzuspinnen, dem nur halb und halb Ausdruck verliehen wurde, weil er, ganz ausgesprochen, Jedem klar machen müßte, daß der richterliche Spruch im bestehenden Rechte keine Basis hat, daß er auf einem neuen Rechtssatze beruht. In dieser Richtung leistet der Ausdruck Treu und Glauben vortreffliche Dienste: er ist weit genug, damit im Nothfalle alles Mögliche darunter verstanden werden könne. So hat bald das Reichsoberhandelsgericht die unmittelbare Haftung des Erwerbers eines Handelsgewerbes den Gläubigern gegenüber für die Passiven des Geschäftes, wenn die Uebernahme derselben öffentlich bekannt gemacht wurde, durch Berufung auf Treu und Glauben begründet, und zwar selbst dann, wenn das Passivum im Vertrage mit dem Veräußerer ausdrücklich von einer übernommenen Haftung ausgeschlossen und der Gläubiger hievon verständigt wurde[37]. Mit Recht fragt Simon[38], wie denn Treue und Glauben allein Jemanden die Pflicht auferlegen können, eine fremde Schuld zu bezahlen! Eine solche Verpflichtung kann nur durch einen Rechtssatz begründet werden, und da ein Gesetz nicht vorhanden ist, so läßt sich nur ein Gewohnheitsrecht annehmen. Es sei blos unbegreiflich, warum das Reichsoberhandelsgericht dies nicht mit dürren Worten gesagt habe. Eine andere Entscheidung, welche den Handelsbüchern eine über die gesetzlichen Grenzen weit hinausgehende Beweiskraft zugesteht, wird in ähnlicher Weise gerechtfertigt. Die Handelsbücher wurden nämlich von den Angestellten eines Geschäftes (dem Producenten) für den Procehgegner (seinen Principal) zufolge eines zwischen ihnen bestehenden Bertragsverhältnisses geführt, sie hatten ferner nicht den Zweck, die Vermögenslage und Handelsgeschäfte des Producenten, sondern des Procehgegners zu controliren. Für solche Fälle besteht keine Pflicht zur Führung von Handelsbüchern (Art. 28 des Handelsgesetzbuches: „... die Lage seines — das heißt des die Bücher führenden Kaufmanns — Vermögens"); und Bücher, zu deren Führung keine Verpflichtung vorliegt, können auch nach Art. 34 des Handelsgesetzbuches nicht Beweis machen. Trotzdem war das Reichsoberhandelsgericht der Ansicht, daß den Büchern hier Beweiskraft zukomme. Dies wurde auf dem Größe des Vertrauens, und „des guten Glaubens", von welchem der Verkehr in der Handelswelt beherrscht wird, ganz besonders aber auf der Analogie der Art. 888 und 889 des Handelsgesetzbuches, wonach bei der Seeversicherung als genügende Belege für die Schadensberechnung im Allgemeinen solche anzusehen sind, welche im Verkehre namentlich wegen der Schwierigkeit der Beschaffung anderer Beweismittel zu werden pflegen[41]. Es unterliegt keinem Zweifel, daß Art. 34 des Handelsgesetzbuches als lex specialis eine solch entfernte analoge Anwendung unter keinen Umständen zuläßt; in noch höherem Grade gilt dies von den Art. 888 und 889 des Handelsgesetzbuches. Als Regel muß gelten: scriptura privata pro probante non probat. Davon kann eine Ausnahme nur durch einen Rechtssatz gemacht werden. Wohl mit einem solchen, im Entstehen begriffenen, hat man es hier zu thun. Endlich ist es zwar nur eine Anwendung des alten Satzes des gemeinen Rechtes: dolo facit qui petit quod redditurus est — aber eine so neuartige, daß sie beinahe als neuer Rechtssatz erscheint, wenn das Reichsoberhandelsgericht sagt: Treu und Glauben verbieten die Verurtheilung, wenn der Kläger eine Forderung aus dem Gesellschaftsverhältnisse verfolgt, ohne die gegen ihn dem Beklagten zustehende Gegenforderung aus demselben Verhältnisse zu berücksichtigen[43].

Daran schließt sich enge der Gebrauch des Ausdruckes Treu und Glauben in solchen Entscheidungen an, welche sich auf die sogenannte stillschweigende Willenserklärung, und zwar sowohl die Willenserklärung durch concludente Handlungen, als auch das Stillschweigen als Willenserklärung beziehen. Freilich ist es richtig, daß, wenn einmal neben der ausdrücklichen Willenserklärung auch die stillschweigende anerkannt ist, es keinem Zweifel unterliegen kann, daß jede Entscheidung, welche mit diesem Begriffe operirt, eigentlich nichts ist, als Anwendung dieses Rechtssatzes auf einen speciellen Fall; es darf aber nicht vergessen werden, daß sich diese Art von Rechtsanwendung von jener, die die Regel bildet, nicht unerheblich unterscheidet. Die Rechtsregel ist oder soll wenigstens sein strict und gemeinsam, den Richter und die Parteien unbedingt zur Befolgung verpflichten. Davon bilden jene Rechtsregeln eine Ausnahme, welche dem Richter blos die Befugniß einräumen, unter Umständen in irgend einer Weise zu entscheiden, es aber seinem Ermessen anheimstellen, ob von dieser Befugniß Gebrauch machen will. Es sind dies die Regeln, welche zwar äußerlich ein Dürfen des Richters statuiren, in der That ihm aber keineswegs etwa ein subjectives Recht einräumen, einen Vertrag als abgeschlossen anzusehen oder nicht, sondern ihm vielmehr die manchmal sehr schwere und verantwortliche Pflicht auferlegen, nach genauer, gewissenhafter Erwägung aller Umstände zu entscheiden, ob ein Vertrag zu Stande gekommen ist oder nicht[44]. Der Rechtssatz selbst ist hier eigentlich nur eine Form, in die das Verschiedenste hineinpaßt, der Rahmen, in den das Verschiedenste hineingelegt werden kann. Der Richter hat nach freiem aber gewissenhaftem Ermessen zu entscheiden, was hineingelegt werden soll[45]. Und gewiß wird heute etwas ganz Anderes als Willenserklärung durch concludente Handlungen gelten als vor hundert Jahren oder im alten Rom — obwohl die Regel äußerlich dieselbe blieb: gerade über hat der vorhin besprochene Aufschwung des Handels und Verkehres die bedeutendsten Einfluß auf das Recht ausgeübt, derselbe wäre aber ohne offenbare Rechtsverletzung oder Entstehung neuer Rechtssätze unmöglich gewesen, hätten wir nicht Rechtssätze gehabt wie dieser: daß der Wille auch durch concludente Handlungen erklärt werden kann, daß das Stillschweigen unter Umständen ebenfalls als Erklärung gelte. Der Annahme, daß die Fälle der Willenserklärung durch concludente Handlungen und des Stillschweigens als Willenserklärung in den Quellen taxativ aufgezählt seien, steht eigentlich nichts entgegen. Wenn trotzdem diese Ansicht von Savigny[46] gar keinen Anhänger gefunden hat, so liegt der Grund darin, daß ein Rechtsprechung eines möglichst umfassenden Begriffes der Willenserklärung durch concludente Handlungen gar nicht entbehren kann. Nicht die bloße Abstraction, sondern zwingende Noth veranlassen uns, eine Menge nicht quellenmäßiger Fälle der Willenserklärung durch concludente Handlungen anzuerkennen: Fälle, die obendrein mit den quellenmäßigen nicht die geringste Aehnlichkeit haben, es ist da ganz einfach auf den

---

R. W. Bd. X, S. 132 (gegenseitige Loyalität der Contrahenten beim Versicherungsvertrage).
[37] R. O. H. G. Bd. I, S. 68.
[38] Goldschmidt's Zeitschr. Bd. XXIV, S. 169.
[41] R. O. H. G. Bd. IV, S. 409.

[43] R. O. H. G. Bd. XVII, S. 353. Einen neuen Rechtssatz spricht auch R. O. H. G. Bd. XXII, S. 114, mit Berufung auf Treu und Glauben aus.
[44] Vergl. darüber Binding: Kritik der richterlichen Grundbegriffe. II. Bd., S. 508 flg.; vergl. auch Bülow: Gesetz und Richteramt S. 28.
[45] Vergl. darüber die in der Note 42 citirte Abhandlung von Benedikt.
[46] System Bd. III, §. 132.

alten Fundamenten fortgebaut worden. Wohl zweifellos ist daher, daß die Annahme eines Falles der Willenserklärung durch concludente Handlungen, der nicht quellenmäßig und vom positiven Rechte auch sonst nicht anerkannt ist, immer etwas mehr als bloße Rechtsanwendung, daß sie in einem gewissen Sinne Rechtsbildung ist, für welche das positive Recht jedoch dem Richter in Vorhinein ein Blanket gegeben hat. Unter diesen Umständen kann es gewiß nur gebilligt werden, wenn das Reichsoberhandelsgericht sich bei der Motivirung dieser Entscheidungen besonderer Sorgfalt befleißigt, sich nicht etwa damit begnügt, zu sagen, es liege hier eine Willenserklärung durch concludente Handlungen vor, sondern stets in eingehendster Weise ausführt, weswegen es in dem Verhalten der einen Partei unter den concreten Umständen eine Willenserklärung erblickt. So viel ist aber klar, daß das „Princip von Treu und Glauben", welches bei dieser Begründung ebenfalls eine große Rolle spielt, schon wegen der großen Vieldeutigkeit dieses Ausdruckes das am wenigsten werthvolle Moment derselben darstellt. Uebrigens sollen diese Entscheidungen, insoferne sie die Frage des Vertragsabschlusses betreffen, in einem anderen Zusammenhange einer genaueren Prüfung unterzogen werden. In der Note befindet sich ein Verzeichniß derselben⁶⁰).

Schon diese Zusammenstellung wird wohl gezeigt haben, daß sich mit dem Ausdrucke „das Princip von Treu und Glauben" keineswegs ein fester Begriff verbindet und daß es ein in Vorhinein verlorenes Unternehmen wäre, alle diese Entscheidungen auf eine einheitliche Grundidee zurückzuführen: die einen sind nichts als bloße Anwendung des geltenden Rechtes, bei den anderen erscheint dieses „Princip" schon als Rechtfertigung für den neuen Gebrauch, welchen der Richter von einem Blanketgesetze macht, in einer dritten Reihe von Entscheidungen repräsentirt das „Princip" bereits Rechtsfortbildung.

⁶⁰) I. Willenserklärung durch concludente Handlungen: 1. Verzicht auf die Geltendmachung des Ablaufes der Präclusivfrist des Versicherungsvertrages durch Hinschleppung von Vergleichsunterhandlungen, R. O. H. G. Bd. IV, S. 68. 2. Verzicht auf die Geltendmachung der Präjudicirung einer Police wegen nicht rechtzeitiger Prämienentrichtung, entnommen daraus, daß die Anstalt Unterhandlungen wegen Gewährung eines Darlehens auf die Police führte, welches den Betrag der Prämie weit überstieg, und daraus, daß die Anstalt die später bezahlte Prämie annahm, R. O. H. G. Bd. XIV, S. 434. 3. Stillschweigende Genehmigung eines während der Minderjährigkeit abgeschlossenen Dienstvertrages durch Fortführung desselben nach erreichter Volljährigkeit nicht bloß in Bezug auf die naturalia negotii, sondern auch in Bezug auf die stipulirte Conventionalstrafe, R. O. H. G. Bd. XVII, S. 116. 4. Stillschweigende Ermächtigung eines Provisionsreisenden zur Weitercreditirung den Kunden gegenüber durch anstandslose Fortführung des Geschäftsverkehrs, R. O. H. G. Bd. II, S. 137; Bd. III, S. 4, 431; Bd. X, S. 106; Bd. XIV, S. 11, 13. — II. Stillschweigen als Willenserklärung: 1. Erweiterung des Principes der Art. 347 H. G. B. auf zugesendete Ausfallsmuster, R. O. H. G. Bd. VII, S. 259; auf die locatio conductio operis, R. O. H. G. Bd. XIV, S. 43; auf Plakatgeschäfte, R. O. H. G. Bd. IX, S. 52; auf Quantitätsmängel, R. O. H. G. Bd. I, S. 125; Bd. II, S. 62. 2. Längeres anstandsloses Schweigen des Richters über eine Geschäftsführung, insbesondere eine Verkaufsrechnung, gilt als Genehmigung derselben, vgl. R. O. H. G. Bd. IV, S. 461; Bd. XX, S. 191. 3. Eben so die Nichterhebung von Einwendungen gegen die ausgesendete schriftliche Formulirung eines abgeschlossenen Vertrages, R. O. H. G. Bd. XIII, S. 416; Bd. XIV, S. 372. 4. Eben so wenn ein Contrahent schon aus der zustimmenden Antwort auf seine Offerte entnehmen mußte, daß sie in einer mit seinem Willen nicht übereinstimmenden, aber vom Vertrauer nicht abgeschlossenen Sinne aufgefaßt werde, R. O. H. G. Bd. XVI, S. 158. 5. Eben so gilt die Nichtbeantwortung einer brieflichen Anfrage eines Contrahenten, ob der Inhalt des von ihm mit dem Bevollmächtigten des Antraggenden abgeschlossenen Vertrages im Briefe richtig angegeben wurde, als Genehmigung dieser Angabe, R. O. H. G. Bd. XVII, S. 228. 6. Stillschweigend des Mandanten oder Committenten auf die briefliche Nachricht des Commissionärs oder Mandatars, aus welcher er entnehmen mußte, daß sein Auftrag überschritten oder falsch aufgefaßt wurde, gilt als Genehmigung der Ueberschreitung oder falschen Auffassung, R. O. H. G. Bd. XIII, S. 45; Bd. XIV, S. 450 — ähnlich R. O. H. G. Bd. IX, S. 612, eben so eine zweideutige Beantwortung derselben R. O. H. G. Bd. XVII, S. 65, anders R. O. H. G. Bd. VI, S. 305, indem in der Note die Rechtsfolgen singulär festgesetzt werden.

sans phrase. Wenn trotzdem eine solche Zurückführung dieser Praxis hie und da versucht wird, so geschieht dies immer nur in ganz allgemeiner, vager Weise. Es läßt sich dagegen allerdings nichts einwenden, denn unrichtig ist das, was z. B. von Goldschmidt⁷⁰) gesagt wird allerdings nicht, aber es muß betont werden, daß es nur einen sehr relativen Werth hat, denn es ist nicht Charakterisirung eines objectiv richtigen Principes, sondern vielmehr Charakterisirung des allgemeinen Eindruckes, den diese Entscheidungen auf Jeden machen müssen, der sich mit ihnen nur flüchtig beschäftigt. Es wird damit überdies keineswegs etwas gerade diesen Entscheidungen Eigenthümliches gesagt: im Grunde genommen beruht ja das ganze Recht auf dem Principe von Treu und Glauben, mindestens ist dies überall die Tendenz der Rechtsentwickelung.

Es ist unter diesen Umständen klar, daß sich für diese Praxis auch keine quellenmäßige Basis finden ließe. Ein Recht, welches den Richter anweisen würde, nach Treu und Glauben zu urtheilen, würde ihn ganz einfach auf das Rechtsbewußtsein seiner Zeit oder vielmehr auf sein eigenes Rechtsbewußtsein verweisen; dies thut aber das römische Recht nirgends, noch weniger die neueren Codificationen. Insbesondere darf die römische bona fides schon gar nicht herangezogen werden, ebensowenig aber die aequitas. Man kann sich vom Standpunkte des modernen Rechtes nicht energisch genug verwahren gegen jede Verwendung dieser Begriffe für die juristische Deduction; denn sie waren auch für den Römer nicht Begriffe des positiven Rechtes, eine Norm ist auch sie nie bloß deswegen verbindlich gewesen, weil es die aequitas oder bona fides erfordert. Die aequitas, bie bona fides, haben auch in Rom bloß Rechtsnormen veranlaßt, waren aber selber keine Rechtsnormen, sie waren nichts als treibende Kräfte der Rechtsentwickelung, und das sind sie auch uns geblieben, wie die treibenden Kräfte für jede Rechtsentwickelung bleiben werden; aber betont muß es werden: recipirt wurde das römische Recht, nicht die treibenden Kräfte der römischen Rechtsentwickelung. Ein Begründen der Entscheidung mit bona fides oder der aequitas ist daher durchaus nicht Begründung derselben im römischen Sinne. Es genügt übrigens wohl auch die Erwägung, daß, wenn in Rom der Prätor oder der respondirende Jurist ihre Entscheidungen nicht auf eine Vorschrift des positiven Rechtes, sondern auf die bona fides, die aequitas, gründeten, man jedenfalls nicht berechtigt ist, daraus Schlüsse für eine ähnliche Gesinnung des modernen Richters zu ziehen, denn dieser hat das Recht anzuwenden, während Jene, wie oben ausgeführt wurde, auch Organe der Fortbildung des Rechtes gewesen sind. Bei der heutigen Stellung des Richters kann die Berufung auf die bona fides und aequitas nur die legislatorische Rechtfertigung einer Rechtsnorm, keineswegs aber die juristische Begründung einer Entscheidung abgeben⁷¹).

(Fortsetzung folgt.)

Pränumerations-Preis

Inclusive der Zustellung ins Haus bzw. f. d. Verwaltungsgebiet bezahlt.

Portofrei postfrei für Oesterreich-Ungarn:

Ganzjährig . . . . . 10 fl.
Halbjährig . . . . . 5 fl.

Für das Ausland:
25 Mark.

Einzelne Nummern kosten 30 kr.

Juristische Blätter.

Herausgeber und Redacteur:
Dr. Max Burian.

Redactions- und Administration:
I. Wildpretmarkt 1.

Erscheint jeden Sonntag.

Reclamationen werden nur 14 Tage nach Erscheinen der Nummer berücksichtigt.

Unverlangte Reclamationen sind portofrei.

Manuscripte werden nicht zurückgegeben.

Inserate werden nach dem Tarife berechnet.

MOTTO: Veritas temporis filia, non auctoritatis.

14. October 1888. | **Nr. 42.** | **XVII. Jahrgang.**

Ueber Lücken im Rechte.
Von Dr. E. Ehrlich.
(Fortsetzung.)

Ganz speciell dem dolus generalis möge hier eine kurze Erörterung gewidmet werden, da das Reichsoberhandelsgericht einerseits, wenn auch selten, arglistige, bolose Handlungen als Verletzungen von Treu und Glauben bezeichnet[12], andererseits aber die Worte dolus oder Arglist in einem Zusammenhange gebraucht, in welchem man zufolge der sonstigen Ausdrucksweise desselben am ehesten „Verletzung von Treu und Glauben" erwartet hätte[13], und es überdies als feststehend betrachtet werden kann, daß die Verwandtschaft zwischen diesen Begriffen auch sonst eine enge ist. Das Räthsel des römischen Dolusbegriffes wird wohl am ehesten durch einen Hinweis auf diese Verwandtschaft gelöst. Der römische dolus generalis läßt sich mit Binding[14] in der That nur als absichtliche Verletzung des Rechtes oder der aequitas definiren, wenigstens findet sich in den Quellen keine einzige Stelle, welche mit dieser Definition im Widerspruche stünde, während keine einzige von den anderen Definitionen allen Quellenstellen gerecht wird[15] — so namentlich nicht dem fr. 8, §. 2 de leg. praest. XXXVII, 5 —, vorausgesetzt, daß man unter dem Ausdrucke „widerrechtlich", welcher in jenen Definitionen regelmäßig vorkommt, versteht „wider das Recht verstoßend", nicht aber „wider die Aequität verstoßend"; dann würden eben diese Definitionen mit der Binding'schen zusammenfallen. Da also der römische Dolusbegriff mit dem römischen Aequitätsbegriffe auf's Engste zusammenhängt, so konnte er ebensowenig recipirt werden, wie der Letztere: in dieser Beziehung sei auf das eben Gesagte und außerdem auf die Abhandlung von Römer verwiesen[16]. Es kann keinem Zweifel unterliegen, daß nach heutigem Rechte, außer den Fällen des Betruges, der dolus nur in jenen Fällen berücksichtigt werden kann, in welchen wir von den Quellen dazu ausdrücklich angewiesen werden: eine analoge Ausdehnung auf andere Fälle erscheint unter allen Umständen als unzulässig. Es ist aber eine höchst interessante Thatsache, daß eine solche analoge Ausdehnung auch ganz entbehrlich wäre, da wir sogar fast in allen jenen

Fällen, in denen der Prätor die actio doli gab, heute besondere Klagen haben, welche häufig gar kein Delictsmoment enthalten, oder aber wir treffen für die mit der actio doli geschützten Interessen in anderer Weise Vorsorge. Der Prätor gab dem Miterben die actio doli gegen den Erben, welcher die ihm fideicommissarisch aufgetragene Freilassung eines Sklaven, „nachdem der Letztere dem Miterben Rechnung gelegt haben wird", vollzog, bevor dies geschehen ist[17], oder dem Nießbraucher gegen den Erben oder Miterben welcher die Sache so umgestaltete, daß dadurch der Nießbrauch untergegangen ist[18]. Wir benöthigen in solchen Fällen überhaupt keines besonderen Rechtsmittels, da derartige Handlungen des Erben oder Eigenthümers im modernen Rechte die Ansprüche Dritter nicht mehr berühren[19]. Gegen Denjenigen, welcher die dem Nießbrauche belastete Sache ganz vernichtete, gibt das moderne Recht dem Nießbraucher eine gewöhnliche Schadenersatzklage[20]. Eben so erfolgt die gewöhnliche Schadenersatzklage gegenwärtig die actio doli des Eigenthümers einer Sache gegen Denjenigen, welcher ein fremdes Thier dazu bringt, die Sache zu beschädigen[21], so wie die actio doli dessen, welcher einen Sklaven zu fordern hatte, gegen den Dritten (Nichtschuldner), welcher den Sklaven tödtete[22]. Die bolose Collusion der Bevollmächtigten mit einem Dritten[23] ist heutzutage ganz einfach Betrug oder Untreue und erzeugt die entsprechenden Ersatzklagen[24].

In anderen Fällen ist dagegen an Stelle der actio doli eine entsprechende Contractsklage getreten. Wenn der Bürge, welcher sich für Denjenigen verbürgt hat, der einen Sklaven zu leisten versprochen hatte, diesen Sklaven vor der Fälligkeit der Forderung tödtete, so erlosch zwar die Hauptschuld wegen Unterganges der schuldlosen Sache und damit auch nach älterem Rechte die accessorische Verbindlichkeit des Bürgen, dagegen gaben die älteren Juristen: Neratius und Julianus, dem Gläubiger gegen den Bürgen eine actio doli auf Schadenersatz[25] Nach

[12] Vergl. Text zu Note 51 und die in derselben citirten Entscheidungen, sowie zu Note 54.

[13] Vergl. Text zu Note 60 und die dort citirte Entscheidung.

[14] Normen Bd. II, namentlich S. 297 flg. Zustimmend Burchard: Der begriffliche Unterschied zwischen dolus und culpa lata, S. 3 flg.

[15] Gegen Pernice: Labeo Bd. II, S. 105 flg. vergl. Dernburg: Pandekten Bd. II, S. 348, Nr. 5.

[16] Goldschmidt'sche Zeitschr. Bd. XX, S. 64 flg., und die dort Note 9 Citirten.

[17] Fr. 32 de dolo 4, 3.

[18] Fr. 9 pr. si serv. 8, 5.

[19] In Betreff des Nießbrauches vergl. §§. 525, 529 öster. a. b. G. B.; Art. 623, 624 Code Nap. Ein ähnlicher Fall wie der des fr 32 cit. ist heute kaum denkbar.

[20] §. 1298 öster. a. b. G. B., Art 1382 Code Nap. (Erweiterungen der actio legis Aquiliae).

[21] Fr. 7, §. 6 h. t.

[22] Fr. 18, §. 5 h. t.

[23] Analogie fr. 10, §. 6, de la rem verso 15, 3, und fr. 7, §. 9 p. t.

[24] §§. 102 d, 197 und 201 lit. d österr. Strafgesetzes; Art. 406 bis 409 Code pénal; §§. 266, 356 des deutschen Strafgesetzes.

[25] Fr. 19 h. t.; vergl. l. 38, §. 4, de solut. 46, 3 (Africanus), welche ein Uebergangsstadium repräsentirt.

neuerem Rechte dauerte in einem solchen Falle die Bürgschaft ganz einfach fort[94]), so daß die actio doli überflüssig wurde. Es hat sich also die Entwickelung von einem Delictsanspruche zu einem Contractsanspruche schon innerhalb des römischen Rechtes vollzogen. In den anderen Fällen fand dies erst in neuerer Zeit statt. Der Eigenthümer eines Grundstückes, welcher Jemandem wohl die Erlaubniß ertheilte, Steine oder Sand in dem Grundstücke zu graben, oder es zu bearbeiten und zu besäen, später aber die Mitnahme der ausgegrabenen Steine und des Sandes, die Ernte der hervorgesprossenen Früchte nicht gestatten will, konnte nach römischen Rechtsgrundsätzen mit einer Contractsklage nicht verklagt werden, da formlose Verträge ungiltig waren[95]). Der Prätor gab ihm aber eine actio doli, „welche man daher mit Recht eine damni ratio, wo sonst Verkehrsverhältnisse ganz schutzlos sind, nennen kann"[96]). Heutzutage würde aus einem solchen Versprechen, namentlich wenn es nicht blos von dem anderen Theile ausdrücklich angenommen, sondern auch darauf hin Arbeit und Capital aufgewendet wurde, zweifellos eine klagbare Vertragsverbindlichkeit entstehen.

Gänzlich antiquirt ist, abgesehen vom gemeinen Recht, der Fall der actio doli gegen Jenen, welcher den Eigenthümer einer Sache klagte, von der Klage aber abstand, nachdem die Gelegenheit zu einem vortheilhaften Verkaufe der Sache für den Eigenthümer in Folge dessen vorbei ist[97]). Die chicanöse Processführung erzeugt im modernen Rechte wohl Kostenersatzpflicht, hat unter Umständen Muthwillensstrafen zur Folge, aber sie begründet eine anderweitige Schadenersatzpflicht nirgends. So ist dies vielleicht auch eine Lücke im Rechte, obwohl es schwer ist zu sagen, wie ihr abgeholfen werden könnte, ohne daß chicanöse Processführung gefördert werde. Andere Fälle der actio doli sind antiquirt mit den Instituten, auf welche sie sich bezogen[98]).

So kann man im Allgemeinen sagen: Jene Thatbestände, welche in Rom die außerhalb des Rechtssystemes stehende actio doli erzeugten, begründen gegenwärtig eine organisch in's Rechtssystem eingefügte Klage; die erstere erscheint mithin als überflüssig.

Dieses Schicksal der actio doli bestätigt wohl die Annahme, daß sie ähnlich wie die aequitas und bona fides für die Römer blos ein Mittel war, das geltende Recht in einer dem Rechtsbewußtsein der Zeit entsprechenden Weise auszugestalten. Wenn ein Anspruch sich im geltenden Rechte nicht begründen ließ und dieser Zustand dem Rechtsbewußtsein widersprach, so half der Prätor mit der actio oder exceptio doli. Der dolus lag darin, daß Jemand den Buchstaben des Gesetzes für seine Zwecke ausnützen wollte, obwohl derselbe nicht mehr dem allgemeinen Rechtsbewußtsein getragen wurde: das war dem Römer nicht blos eine unredliche, sondern auch eine moralisch höchst verwerfliche Handlung: die actio doli war daher eine infamirende Klage. Dies stimmt übrigens vollkommen mit dem überein, was wir sonst über die Rechtsentwickelung wissen; bekanntlich ist jeder Rechtsbruch anfänglich viel schärfer verpönt als am Schlusse der Entwickelung; hat doch erst in neuester Zeit der Anfechtungsanspruch den delictischen Charakter abgestreift[99]), womit freilich nicht gesagt sein soll, daß der Anspruch insbesondere diesen Proceß durchgemacht hat[92]). Die Idee der Contractsschuld an sich ist aber gewiß in Rom wie bei anderen Völkern aus der Uebergangsidee hervorgegangen, daß es ein Delict ist, welches auf den Thäter und seinen Stamm die Strafe der Götter heraufbeschwört, ein unter göttlichen

Schutz gestelltes Versprechen — die ursprüngliche Form der Eingehung der Vertragsverbindlichkeiten ist der Eid — nicht zu halten.

War nun demnach der dolus generalis bei den Römern thatsächlich nichts als ein Hebel der Rechtsentwickelung, so haben wir ihn, wie schon oben hervorgehoben wurde, ebensowenig recipirt wie die aequitas und bona fides oder etwa das edictum perpetuum und die responsa prudentium, und er ist auch ungeeignet, für die Praxis des Reichsoberhandelsgerichtes die gesetzliche Grundlage zu bilden. Trotzdem verdient die große Verwandtschaft des dolus mit der „Verletzung von Treu und Glauben im Verkehre" hervorgehoben zu werden. Schon der bloße Ausdruck weist auf sie hin. Der Grund liegt darin, daß der heutige Richter sich da in einer ähnlichen Situation befindet, wie einst der römische Prätor; auch er sieht ein, daß das geltende Recht nicht überall dem Rechtsbewußtsein entspricht, auch er empfindet es beinahe als Delict, wenn Jemand, auf den Buchstaben des Gesetzes gestützt, sich Vortheile zuzuwenden sucht, welche ihm nach seinem Rechtsgefühle nicht zukommen. Wir nennen ein solches Verfahren: Verletzung von Treu und Glauben, wie es die Römer als dolus bezeichnen; dies beweist aber nur, daß auch in der modernen Rechtsentwickelung dieselben treibenden Kräfte fortwirken wie einst im alten Rom, keineswegs aber, daß wir römisches Recht anwenden, wenn wir uns auf „Treu und Glauben" berufen. Die Rolle, welche die actio und exceptio doli generalis im römischen Sinne in der neueren Praxis spielen, ist jedenfalls keine bedeutende[93]).

Hie und da, wenn auch selten, macht das Reichsoberhandelsgericht bei der Versuch, diese Entscheidungen durch Anführung von Gesetzesstellen zu begründen. So wird einmal Art. 278 und 279 des Handelsgesetzbuches citirt[91]). Der Art. 278 H. G. B. bezieht sich aber nach der Ansicht des Reichsoberhandelsgerichtes nur auf die Interpretation ausdrücklicher Willenserklärungen[95]). Wenn man ihn trotzdem auch auf stillschweigende Willenserklärungen bezieht, so wird damit noch immer die eigenthümliche Anwendung des Principes von Treu und Glauben auf die Interpretation des Gesetzes sowie als Grundlage für die Aufstellung neuer Normen ebensowenig erklärt wie durch die Bezugnahme auf den Art. 279 H. G. B., da beide Artikel doch nur von der Interpretation der Willenserklärungen handeln, ganz abgesehen davon, daß, wie schon oben ausgeführt wurde[96]), sie nicht einmal zur Rechtfertigung der vielen Entscheidungen herangezogen werden können, welche ausschließlich die Vertragsinterpretation betreffen. Auch damit ist daher ein einheitlicher Gesichtspunkt für die Beurtheilung der Praxis des Reichsoberhandelsgerichtes nicht gewonnen.

In einer anderen Entscheidung[97]) werden fr. 1, §. 3 de peric. et comm. rei vend. 18. 4; fr. 30 i. f.; fr. 52 ad leg. Aqu. 9, 2; fr. 21, §. 3 de act. emti et vend. 19, 1 citirt. Diese Be-

---

[94]) Fr. 88 de V. O. 45, 1; fr. 95, §. 1, de solut. 46, 3.
[95]) Fr. 34 i. f.; fr. 18, §. 1, de praescr. verb. 19, 5.
[96]) Korken: Die Lehre vom Vertrage bei den italienischen Juristen des Mittelalters, S. 35.
[97]) Fr. 33 h. t.
[98]) Fr. 7, §. 8, de dolo 4, 3; fr. 6 pr. si mensor 11, 6; fr. 8, §. 2, de leg. praest. XXXVII, b.
[99]) Menzel: Das Anfechtungsrecht der Gläubiger, S. 16 flg., S. 22 flg.
[92]) Vergl. darüber Jhering: Vermischte Schriften, S. 177 flg., S. 230 flg. und Pernice: Labeo I, S. 441 flg.

[93]) Auch die in den Quellen bestimmt entschiedenen Fälle kommen nur sehr selten zur Anwendung. Seuffert Bd. IX, S. 52 (Stuttgart); wendet analog fr. 33 de dolo 4, 3 auf einen Fall der Verhinderung des günstigen Verkaufes einer Parcelle durch culpose Processführung an. — Seuffert Bd. XXI, S. 43 (Holland), betrifft nur die anderweitig begründete Unwirksamkeit simulirter Cessionen, Bd. XXIX, S. 179 (Berlin), die Unwirksamkeit von Handlungen in fraudem legis, Bd. XXX, S. 120 (Wolfenbüttel), enthält blos eine richtige Vertragsinterpretation: Der Lehrherr hatte Anspruch auf Erlag des Kostgeldes, wenn der Lehrvertrag ohne sein Verschulden aufgehoben werden sollte; der Vertrag wurde aufgehoben wegen schlechten Benehmens des Lehrjungen, aber der Klage des Lehrherrn auf Erlag des Kostgeldes über dolus generalis wurde die exceptio doli entgegengehalten, weil er dessen Vater nicht rechtzeitig von der Aeußerung seines Sohnes benachrichtigte, wodurch dieselbe nach gemeinüblichem gehindert werden müßte. Kann man aber sagen, daß hier der Lehrherr schuldlos gewesen sei? In den Fällen Seuffert Bd. V, S. 2 (Celle), betrifft nur der Fall: replica doli Zeitschrift für Schweiz. Recht, Bd. VIII, S. 41 (Thurgau), der actio doli generalis nicht stattgegeben.
[94]) R. O. H. G. Bd. XI, S. 3.
[95]) R. O. H. G. Bd. VII, S. 287; vergl. dagegen Hartmann in Jhering's Jahrb. XX, S. 44.
[96]) Vergl. Note 61 bis 64 und Text dazu.
[97]) R. O. H. G. Bd. IV, S. 205.

gründung ist einer recht alten Entscheidung des Oberappellations-
gerichtes Lübeck[90]) beinahe wörtlich entlehnt — blos einige,
letzwedwegs leicht entbehrliche erläuternde Bemerkungen erscheinen
hier ausgelassen. Alle diese Gesetzesstellen sind jedoch durchaus
singulärer Natur und lassen sich nur zur Begründung jener Entscheidung ausnützen, welche sie rechtfertigen sollen. Dieses gilt
zunächst für die fr. 30 i. f. und fr. 52 cit., aus welchen sich blos
entnehmen läßt, daß die lex Aquilia auch durch Unterlassun-
gen übertreten werden kann, nicht aber etwa daß die Unter-
lassung der Ablehnung einer Offerte als Zustimmung gelte.
Hier handelt es sich um Eingehung von Verträgen, dort um
Begehung eines Delictes. Das fr. 1, §. 3 cit. handelt von der mora
creditoria, es fordert vom Schuldner, daß er den im Verzuge be-
findlichen Gläubiger erst warne, bevor er den Wein, den er schuldet,
auf die Gasse ausgießt. Wie wenig diese Stelle geeignet ist, zu
weitgehende Schlüsse zu rechtfertigen, ergibt sich daraus, daß das
was sie bestimmt, nichts ist als ein Vorläufer der Hinterlegungspflicht: schon Pomponius konnte das Ausgießen des Weines
nicht loben, und suchte es mit allen möglichen Cautelen zu um-
geben; daß er es solch' einem Acte der reinen Schadenfreude der muth-
willigen Verschleuderung eines möglicherweise werthvollen Gutes
gegenüber ohneweiteres that, wird Jeder selbstverständlich finden,
aber kaum wird Jemandem eine solche gesetzliche Grundlage genügen, um eine allgemeine Pflicht, für fremde Interessen zu sorgen,
zu statuiren. Die Hinterlegungspflicht selbst als weitere Ausbildung des Grundgedankens dieser Stelle wäre übrigens eine viel
stärkere Stütze für eine solche Annahme. Das Citat des fr. 21,
§. 3 cit. wird endlich erst durch die erläuternden Bemerkungen
der erwähnten Lübeck'schen Entscheidung verständlich. Die Stelle
besagt: man könne nicht den Schadenersatz für jene Sklaven
verlangen, welche deswegen Hungers gestorben sind, weil das
zu liefernde Getreide nicht rechtzeitig eingetroffen ist. Das
Oberappellationsgericht Lübeck bemerkt nun, die Stelle supponire
nothwendig, „daß der Käufer des gelieferten Getreides Gelegenheit gehabt habe, anderes zu kaufen und so den Hungertod
seiner Sklaven abzuwenden". So gewagt diese Interpretation
auch ist[97]), so kann man sich doch auf sie nicht berufen, um
die Pflicht zu einer Antwort auf einen Antrag zu begründen,
wenn durch die rechtzeitige Antwort ein Schaden von einem
Anderen (demjenigen, welchem die Antwort hätte gegeben werden
sollen) abgewendet werden könnte, denn diese Stelle spricht auch
nicht im Entferntesten von der Verpflichtung des Gläubigers,
durch eigenes Handeln die Folgen der mora des Schuldners
zu mildern — auch kann wäre die Analogie eine keineswegs
naheliegende —, sondern bestimmt bloß, daß der Gläubiger vom
säumigen Schuldner nicht den Ersatz jenes Schadens fordern darf,
den er, nämlich der Gläubiger selber, sich hätte abwenden können.
Diese Stellen können daher nicht einmal jener Praxis des
Reichsoberhandelsgerichtes eine quellenmäßige Unterlage bieten,
auf welche sie am ehesten bezogen werden könnten; nämlich
der Praxis, welche in gewissen Fällen für einen Kaufmann
die Pflicht zur Aeußerung, insbesondere die Pflicht zur Er-
widerung eines Schreibens statuirt; einen Ausgangspunkt für
die Aufstellung eines allgemeinen Grundsatzes können sie noch
viel weniger darbieten.

Eine große Rolle spielt in diesen reichsoberhandelsgerichtlichen Entscheidungen (ähnlich wie in der herrschenden Lehre
von der Mentalreservation und Simulation[100]) der Satz, daß sich
Niemand auf seinen dolus berufen dürfe. Die Bedeutung dieses
Satzes ist sehr zweifelhaft; so wie man ihn gewöhnlich hinstellt,
ist es sogar ungewiß, ob er materiellrechtlichen oder proceßualen
Inhaltes ist. Betrachtet man ihn aber als einen materiellrechtlichen, so ist klar, daß da nur von einem dolus generalis
die Rede sein könne; der Satz steht und fällt daher mit der

Lehre, daß der dolus generalis ein im heutigen Rechte geltendes, selbstständiges Institut sei. Da eine Widerlegung dieser
Lehre oben bereits versucht wurde, so ist es wohl nicht nöthig,
hier noch darauf zurückzukommen. Es scheint jedoch, daß eine
mehr proceßuale Auffassung des Satzes überwiegt: Wenn sich
Jemand zur Begründung seiner Ansprüche auf sein eigenes unsittliches Verhalten beruft, so ist er damit nicht zu hören. Es
soll hier unberücksichtigt bleiben, daß dieser Satz eigentlich den
eben aus dem materiellen Rechte hinausgesetzten dolus
generalis in einer proceßualen Form wieder hineinschmuggelt;
es soll auch nicht davon werden, daß er gerade in dieser
proceßualen Form jeder quellenmäßigen Grundlage entbehrt;
daß sind Dinge, über die man sich hinwegsetzen könnte, wenn
nur sonst die Giltigkeit des Satzes bezeugt ist — was zwar
allerdings zutrifft, denn er wird von der Theorie und Praxis
häufig ausdrücklich als geltendes Recht anerkannt. Schwerer fällt
es in's Gewicht, daß ihm in dieser Allgemeinheit gewiß die
Anerkennung versagt werden muß; denn die Praxis beruft sich
auf ihn nie, wo es gilt, wirklich unsittliche aber rechtlich anerkannte Ansprüche abzuweisen: sonst würde man doch gewiß keines
Wuchergesetzes bedürfen. Entscheidend ist aber, daß dieser Satz
unbedingt nicht auf solche Fälle bezogen werden kann, welche
diese Erörterung betrifft. Man kann zweifellos auch culpos
eine Unsittlichkeit begehen, aber Niemand kann sich culpos einen
dolus zu Schulden kommen lassen. Wenn man auch gewiß nicht
an den dolus im technischen Sinne denkt bei dem Satze: Niemand dürfe sich auf seinen dolus berufen, sondern unter dolus
offenbar ein unsittliches Verhalten versteht, so ist es andererseits zweifellos, daß das unsittliche Verhalten ein bolóses sein
muß, nicht in einer bloßen Nachlässigkeit bestehen darf. Ferner
ist es bekannt, daß ein dolus nie vermuthet werden darf, daß er
bewiesen werden muß, und es wird oft auch betont, daß man
es mit dem Beweise eines dolus besonders strenge nimmt.
Auch das Reichsoberhandelsgericht und das Reichsgericht blieben
diesen Grundsätzen treu[101]). In jenen Fällen dagegen, in welchen
das Reichsoberhandelsgericht eine Verletzung von Treu und
Glauben annahm, ist von einem solchen strengen Beweise un-
sittlicher Absicht überall keine Rede, es sind höchstens vage Ver-
muthungen ausgesprochen, ja es ist bei allen jur. Dogs um
Beweis der unsittlichen Absicht nicht einmal angeboten wurde.
Würde man daher diese Entscheidungen mit dem Principe in
Zusammenhang bringen wollen, daß sich Niemand auf seinen
dolus berufen dürfe, so würden diese Entscheidungen mit dem
in der Note 101 Angeführten in eben so grellem Widerspruche
treten, wie mit den allgemeinen Grundsätzen des Rechtes.

Und so mag als Ergebniß dieser Ausführungen noch einmal zusammengefaßt werden, was in kurzer Abhandlung so oft
gesagt wurde: es ist ganz unmöglich, für die Praxis des Reichsoberhandelsgerichtes im anerkannt geltenden Rechte einen legalen
Boden zu gewinnen, denn sie beruht nicht auf dem gewordenen,
sondern auf dem werdenden Rechte. Wie in Rom der Prätor,
in England der Chancellor, so bildete auf dem europäischen
Continente eine Zeitlang der Richter das Recht fort. Da ihm
aber die Befugniß hiezu nicht verliehen wurde und eine solche
Art der Rechtsfortbildung auch dem modernen Rechtsbewußtsein
nicht entspricht, so wurden die neuen Rechtssätze unter dem Deck-
mantel des „Principes von Treu und Glauben" eingeführt. Doch
bedient sich das Reichsoberhandelsgericht dieses Ausdruckes auch
bei den ver-
schiedensten Gelegenheiten, wo es sich um einen neuen Rechtssatz nicht im entferntesten handelte, und thut dies in der princip-
losesten Weise, so daß es unmöglich in irgend welcher Beziehung
ein Criterium dafür bietet, ob es sich darum handelt, einen neuen
Rechtssatz einzuführen oder nicht.

Für die Lehre von den Lücken im Rechte ergibt sich aber
daraus das Resultat, daß zwar der Satz: der Richter habe stets
nur nach festsstehenden Regeln zu urtheilen, im modernen Rechtsbewußtsein tief wurzelt, daß sich der Richter jedoch auch gegen-

---

[90]) Seuffert's Archiv Bd. I, S. 46.
[97]) Ueber die verschiedenen Meinungen vergl. Arndts' Pandekten
§. 266, Anm. 4 l. f.
[100]) Vergl. sogar Leonhard: Irrthum bei nichtigen Verträgen,
S. 151 flg., der doch sonst viel bessere Gründe für seine Ansichten auf-
zubringen versteht.

[101]) Vergl. z. B. Bd. II, S. 191; Bd. IV, S. 186; Bd. V,
S. 323; Bd. IX, S. 305.

wärtig über ihn hinwegsetzt, wenn es ganz unmöglich ist, einer stürmischen Entwickelung des Rechtsbewußtseins auf dem gewöhnlichen Wege der Rechtsfortbildung Rechnung zu tragen.

(Fortsetzung folgt.)

Aeber Lücken im Rechte.

Von Dr. E. Herrich.

(Fortsetzung.)

III. Die Natur der Sache.

Auch Goldschmidt bejaht die Frage nach den Lücken im Rechte [102], er versteht sie aber wieder in einem anderen Sinne. Er fragt nämlich, ob jene Rechtsquellen, welche man gewöhnlich als die einzigen betrachtet, wirklich die einzigen seien, oder ob es Rechtsnormen gäbe, welche gelten und als positives Recht verbinden, unabhängig davon, ob sie im positiven Rechte aus-

---

[102] Goldschmidt: Handbuch I, S. 303 (allein es ist unrichtig, daß das positive Recht keine Lücken enthalte ...); S. 304 (genügen nämlich die positiven Rechtssätze auch bei freiester Behandlung nicht ..., so liegt der Wissenschaft die Aufgabe ob, die dem Wesen und Zweck der Verhältnisse — der Natur der Sache — entsprechenden und immanenten Rechtssätze zu finden und darzulegen). Vergl. über die ganze Frage die Darstellung bei Pfaff-Hofmann: Commentar zum österreichischen allgemeinen bürgerlichen Gesetzbuche Bd. I, S. 283 flg.

gesprochen werden oder nicht. Und er bejaht diese Frage hauptsächlich mit Rücksicht darauf, daß die Wissenschaft thatsächlich neue Rechtsnormen aufstellt, Rechtsnormen, welche sich aus der Natur der Sache, aus der Natur der Lebensverhältnisse ergeben. Er repräsentirt daher die zweite Richtung jener Schriftsteller, welche Lücken im positiven Rechte annehmen.

Aehnlich wie Goldschmidt haben sich auch viele andere Juristen für die Existenz von Normen aus der Natur der Sache ausgesprochen[103], und das Gewicht dieser Stimmen ist ein derartiges, daß es schon an und für sich genügen sollte, damit man der Natur der Sache mit weniger verächtlichem Achselzucken begegne, als dies thatsächlich häufig geschieht[104]. Wer jedoch in die juristische Literatur Einblick genommen hat, der wird den Scepticismus der Gegner der „Natur der Sache" wenn auch vielleicht noch immer nicht billigen, so doch gewiß begreifen, denn es gibt vielleicht keinen Begriff in der Jurisprudenz, dessen Definitionen gleich nebelhaft wären und mit dem bei der praktischen Anwendung ein größerer Mißbrauch getrieben worden wäre. An dieser Unklarheit trägt freilich vielleicht in erster Linie Schuld die Verwechselung desselben mit der aequitas und mit so manchem rein gewohnheitsrechtlichen Satze, dessen Existenz, die sich nicht bestreiten läßt, man häufig nur dadurch erklären zu können glaubt, daß er sich aus der „Natur der Sache" ergäbe[105]). Aber auch abgesehen davon war es schwerlich möglich, den Regeln der Natur der Sache nachzuforschen, bevor die Normentheorie einen tieferen Einblick in das Wesen und die Function des Rechtssatzes eröffnet hatte.

Schon längst ist es beinahe zu einem Gemeinplatze geworden, daß nicht Alles Rechtssatz ist, was äußerlich als solcher erscheint, daß z. B. die Definitionen der römischen Juristen häufig ungenau und fehlerhaft sind und deswegen nicht verpflichten; daran wurde dann die weitere Regel geknüpft, daß Definitionen überhaupt nicht Sache einer Codification sind, und das führte endlich zum Schlusse, daß auch die Definitionen der neueren Gesetzbücher keine verbindliche Kraft haben. Sehr oft finden sich derartige Bemerkungen bei österreichischen Juristen, welche bei aller Vortrefflichkeit des allgemeinen bürgerlichen Gesetzbuches besonders häufig mit unrichtigen Definitionen und Constructionen zu kämpfen haben. Aber auch wenn man die Frage der Richtigkeit oder Unrichtigkeit der Definition beiseite läßt, so ist es wohl für Jedermann klar, daß z. B. der §. 7 und §. 584 des österreichischen bürgerlichen Gesetzbuches einen verbindlichen Rechtssatz nicht enthalten[106].

So war aber die Negative längst einig: nicht Alles, was im Gesetz ausfagt, ist Rechtssatz. Dagegen wurde die positive Frage: Was denn eigentlich Rechtssatz und unter allen Umständen verbindlich sei — kaum je ernstlich aufgeworfen; es bleibt das unsterbliche Verdienst der Normentheorie, und vor allem Thon's und Bierling's, diese Seite des Problems zuerst hervorgehoben zu haben, ganz abgesehen davon, ob die von ihnen versuchte Lösung richtig ist oder nicht.

Den eigentlichen Kern der Normentheorie, wie sie gegenwärtig namentlich von Thon[107], Bierling[108] und Pfersche[109] vorgetragen wird, bildet die Lehre, daß das Recht ausschließlich aus Normen, aus Geboten und Verboten bestehe. Nur das, was im Gesetze befohlen ist, ist in der That ein Rechtssatz, nicht etwa auch die Erlaubniß, die Gestattung. Der Rechtssatz lautet also seinem innern Wesen nach etwa: „Du sollst das schuldige Darlehen bezahlen" — nicht aber „Du darfst das schuldige Darlehen zurückfordern". Denn das Recht wendet sich bloß an den Verpflichteten, die Berechtigung ist nichts als Consequenz der anderen Personen auferlegten Verpflichtungen. Das Forderungsrecht besteht also demgemäß in einem Gebote oder Verbote, welches an eine bestimmte Person oder mehrere bestimmte Personen erlassen wurde; das Eigenthumsrecht, das Erbrecht, in einer ganzen Reihe von Verboten, welche an alle anderen Personen als Gesetzesunterthanen, mit Ausnahme des Eigenthümers, beziehungsweise des Erben erlassen werden: diesen Berechtigten nicht zu stören[110]. Eigenthümlich ist es, daß der Grundgedanke der noch heute von vielen Juristen stark angefochtenen und häufig mißverstandenen Normentheorie, wie es scheint ganz unabhängig von diesen Bestrebungen, von einem Oekonomisten sehr klar und deutlich dargelegt wurde. Carl Menger spricht sich nämlich gelegentlich über das Verhältniß der Nationalökonomie zur Rechtswissenschaft in folgender Weise aus: „Die Rechtswissenschaft lehrt uns die im gemeinen Interesse gezogenen, die socialen Schranken kennen, innerhalb welcher sich die Bestrebungen geselliger Menschen zu bewegen haben. Die Wirthschaftswissenschaft soll uns den hauptsächlichen Inhalt dieser Bestrebungen, die wirthschaftliche Thätigkeit der Menschen und den Zusammenhang der wirthschaftlichen Erscheinungen zum Bewußtsein bringen[111]." Dies ist durchaus der Standpunkt der Normentheorie. Das Recht statuirt nur die Gebote und Verbote, es stellt die socialen Schranken der Bestrebungen fest; daß aus diesen Geboten und Verboten Befugnisse als deren nothwendige Consequenz sich ergeben, daß ein gewisser Raum ausschließlich für die Bestrebungen des Rechtssubjectes freibleibt[112]), ist richtig, derselbe ist auch gewissermaßen ein Werk des Rechtes, aber er gehört nicht mehr zum Recht (im objectiven Sinne).

Wenn nun dem gegenüber hervorgehoben wurde, daß sich viele Rechtssätze in erlaubender Form vorfinden, so ist dies ein Einwand, welcher die Normentheorie gar nicht trifft, denn sie gibt diese Thatsache im Vorhinein zu, sie betont aber, daß es sich hier nicht um die thatsächliche, sondern um die aus technischen Gründen gebotene, besonders um die im Wesen des Rechtssatzes gegründete Form desselben handelt; untersucht man aber den Rechtssatz von diesem Standpunkte aus, so überzeugt man sich leicht, daß eine jede Erlaubniß eigentlich nichts ist als ein an andere Personen gerichtetes Verbot, Demjenigen, dem die Erlaubniß ertheilt wurde, zu stören. Doch muß man die Normentheorie diesen Einwand in einem anderen Sinne ernst nehmen: nämlich insoferne er sich dahin zuspitzt, daß die befehlende Form des Rechtssatzes in vielen Fällen eine unnatürliche, verkünstelte, weit hergeholte wäre[113]. Denn das Recht eine psychologische Thatsache ist, so muß jene Form des Rechtes als die in seinem Wesen gegründete betrachtet werden, welche

---

[102] Genannt seien: Thöl a. a. O. S. 15 flg.; Wächter: Württembergisches Privatrecht Bd. I, S. 1111; Bähr: Entscheidungen des Reichsgerichts, S. 10; Unger: System, Bd. I, S. 10 u. A.; Zimmermann: Stellvertretende negotiorum gestio, S. 8, Note; Thöl: Einleitung in das deutsche Privatrecht, S. 144; Dernburg: Pandekten Bd. I, S. 86. Die vielen Schriftsteller, die sonst über diesen Begriff Bemerkungen gelassen haben, bringen meines Wissens nichts Neues. Vergl. aber einigermaßen Eisele in der Zeitschrift für schweizerisches Recht, Bd. XXV, S. 15 flg.

[103] Von den Gegnern der Natur der Sache seien insbesondere genannt Windscheid: Pandekten I, §. 23, Note; er argumentirt aber selber aus der „nicht mit Unrecht verrufenen" Natur der Sache, Bd. II, §. 309, Note 9, und nimmt Argumente aus der Natur der Sache ganz ernst: Wille und Willenserklärung, §. 12 flg.; Cost: Naturalis ratio und Natur der Sache, besonders S. 7 flg., doch ist ihm die naturalis ratio, wie es scheint, dasselbe, was Anderen die Natur der Sache; vergl. auch Desselben: Civilistische Studien auf dem Gebiete der dogmatischen Analyse, 4. Heft, S. 8 u. sonst.; Dahn in Behrend's Zeitschrift für deutsches Recht, Bd. VI, S. 560; Zitelmann in Ihering's Jahrb., Bd. XVI, S. 360 (und .... eine Argumentation aus der Natur der Sache nichts Neues beizubringen im Stande sei, weil man auch ohne Beweis glauben solle; solche Gründe aus der Natur der Sache sind Gründe bald der Zweckmäßigkeit, bald der Logik, die unter dem Dunkel jenes nebelhaften Ausdruckes unerkannt nebeneinander wohnen").

[104] In diesem Sinne identificirt vielleicht Thöl: Handelsrecht (3. Aufl.), S. 96 Note 2, Treu und Glauben, bona fides, mit Natur der Sache.

[105] Vergl. über diese Frage Eisele: Archiv für civilistische Praxis, Bd. LXIX, S. 275 flg.

[107] Rechtsnorm und subjectives Recht.

[108] Zur Kritik der juristischen Grundbegriffe.

[109] Begriff der Privatrechtsnorm.

[110] Vergl. v. Schey in der Grünhut'schen Zeitschrift Bd. VII, S. 746 flg. u. Bd. VIII, S. 100 flg.; Bd. IX, S. 344 flg., namentlich Bd. VII, S. 768 flg. und Bd. IX, S. 346.

[111] In Grünhut's Zeitschrift Bd. XIV, S. 563.

[112] Dies dürfte jene Definition des Rechtes im subjectiven Sinne sein, welche dem Geiste der Normentheorie entspricht.

[113] Vergl. insbesondere Pernice in Grünhut's Zeitschrift Bd. VII, S. 476 und Bekker: Pandekten, S. 47, Note c.

psychologisch am nächsten liegt. Wenn es nun aber auch richtig ist, daß man beim Eigenthum oder Erbrechte viel früher an die Befugnisse des Eigenthümers oder Erben als an die Verbote denkt, die an die ganze sonstige Welt gerichtet sind, so wäre damit doch nur bewiesen, daß, wie billig und natürlich, die ökonomische Seite socialer Institute dem Volksbewußtsein näher liegt als die juristische; es ist aber gewiß unrichtig, daß diese juristische, in Geboten und Verboten bestehende und in demselben aufgehende Seite socialer Institute dem Volksbewußtsein entgehe. Denn fragt man auch den Laien, was das heißt, der Eigenthümer dürfe über die Sache disponiren, der Erbe dürfe von allen Rechten Gebrauch machen, welche dem Erblasser zustanden, so wird er gewiß, wenn ihn die Naivität der Frage nicht verblüfft, sofort erwidern, es bedeute dies, daß Niemand das Recht hat, ihn daran zu hindern, mit anderen Worten: daß Jedem verboten ist, ihn daran zu hindern. In dem Augenblicke also, wo der Laie durch eine präcise Fragestellung genöthigt wird, auf die juristische Seite des socialen Institutes sein Augenmerk zu richten, drückt er sich vollständig im Geiste der Normentheorie aus.

Ebensowenig steht auch der von Bekker gegen die Normentheorie vorgebrachte Einwand derselben entgegen, daß unter subjectiven Rechten auch solche Beziehungen zu verstehen seien, die vor der Ausbildung des objectiven Rechtes schon da gewesen, von diesem nur eine bestätigende, keine schöpferische Anerkennung gefunden haben[114]). Es ist gewiß richtig, daß solche Beziehungen bestehen mußten noch vor der Ausbildung der sie schützenden Rechtsnormen, aber andererseits behauptet doch auch Bekker gar nicht, daß solche Beziehungen schon vor der Ausbildung der Rechtsnormen Rechte sind. Gibt es etwa ein geistiges Eigenthum, bevor es vom Rechte geschützt wird? Gewiß nicht, aber eine "Beziehung" dieser Art zwischen Autor und Verleger hat sich doch zweifellos früher herausgebildet als der Normenschutz, und wurde als solches durch zahlreiche ethische Normen geschützt: sie wird auch als solche noch heute, durch die öffentliche Meinung im weiteren Umfange geschützt, als der Schutz der Rechtsnormen reicht, z. B. im Verhältnisse zu Staaten, mit denen kein Vertrag über Schutz des geistigen Eigenthumes besteht. Die Normentheorie behauptet also keineswegs, daß derartige "Beziehungen" durch den Normenschutz geschaffen werden, sondern bloß, daß der Normenschutz solchen factischen, möglicherweise schon durch ethische Normen geschützten "Beziehungen" die Qualität von Rechten verleiht[115]).

Kann nun die Normentheorie nach allen diesen Richtungen als im Wesentlichen ausgebaut und feststehend betrachtet werden, so sind doch noch so manche Details sehr bestritten.

Während vor Allem die Hauptvertreter der Normentheorie die Norm als Imperativ, als Gebot oder Verbot betrachten, so hat sich schon in dieser formellen Beziehung eine gewichtige Stimme dagegen erklärt: Zitelmann[116]) will nämlich die Norm stets als Urtheil (im logischen Sinne) aufgefaßt wissen. In dieser Beziehung hat aber die Ansicht von Zitelmann keinen Anklang gefunden[117]). Doch scheint in der Polemik Zitelmann's viel Richtiges enthalten und unbemerkt geblieben zu sein, daß thatsächlich besteht ein großer Unterschied zwischen einem Imperativ, welcher als Norm gelten soll, und einem Imperativ, welcher nichts ist als Befehl. Die Normen haben nämlich einen abstracten Charakter, die Befehle sind durchaus concret. "Arbeite" z. B. ist ein Befehl und bedeutet: setze Dich an den Tisch und nimm Deine Arbeit vor; dagegen ist die Norm "Du sollst arbeiten" weder an einen bestimmten Menschen gerichtet, noch ist sie irgendwie nach Zeit und Raum individualisirt. Zwischen den abstractesten Imperativen, den Normen, und dem concretesten einfachen Befehle gibt es jedoch eine Menge von Uebergangsstufen; eine Fabriksordnung, oder eine Disciplinarordnung für die Zöglinge eines Internates sind derartige Zwischenstufen. Es unterliegt nun keinem Zweifel, daß der Imperativ umsomehr von seiner eigenthümlichen Natur verliert und sich dem logischen Urtheil nähert, je abstracter er ist. Daher haben wir in der That die Normen, welche die abstractesten Imperative sind, die meiste Aehnlichkeit mit den Urtheilen.

Im Gegensatze zur herrschenden Lehre, welche das Moment des Zwanges ziemlich allgemein als zum Wesen des Rechtes gehörend betrachtet, behaupten ferner die Vertreter der Normentheorie gegenwärtig das Gegentheil. In der Normentheorie liegt an und für sich keine Nöthigung dazu. Sowohl Bierling als auch Thon nehmen wohl an, daß das ganze Recht aus lauter Normen besteht, aber Keiner von ihnen behauptet, daß die Normen ganz unabhängig, lose nebeneinander existiren: sie Alle betonen es, daß die Normen miteinander in einem engen Zusammenhange stehen, daß speciell Normen, die in einer gewissen Beziehung als primäre Normen erscheinen, wenigstens in der Regel andere Normen bedingen, welche auf die Uebertretung der ersteren Zwangsmaßregeln setzen. Es wären nun durchaus im Geiste der Normentheorie, nur solche Normen, welche derartige Zwangsmaßregeln setzende Normen bedingen, und diese letzteren Zwangsmaßregeln setzenden Normen als Rechtsnormen zu betrachten. Dieses haben aber die Vertreter der Normentheorie nicht gethan, sondern dem Beispiele des Urhebers der Theorie, Binding, folgend, haben sie jede Norm isolirt an sich betrachtet[118]) und es darf nicht geleugnet werden, daß nur diese isolirte Betrachtungsweise ihnen ermöglicht hat, so manche feine Bemerkung zu machen, deren Bedeutung sogar weit über die Grenzen der Jurisprudenz hinausreicht. Nichtsdestoweniger ist diese Betrachtung nicht die einzig mögliche, und es ist mehr als fraglich, ob sie dem Wesen der Rechtsnorm wirklich gerecht werden kann.

(Fortsetzung folgt.)

114) Bekker a. a. O. S. 47, Anm.
115) Vergl. darüber neuestens die kurze Erörterung von Leroy-Beaulieu in der R. vue de deux mondes, Tome LXXXIX p. 591 equ., welche, unerreicht an Klarheit und von großer Sachkenntnis zeugend, wohl zu dem Bedeutendsten gehört, das über diese Frage ja geschrieben wurde.
116) Rechtsgeschäft und Irrthum S. 221.
117) Vergl. Bierling a. a. O. Bd. II, S. 291 flg.

Ueber Lücken im Rechte.

Von Dr. E. Ehrlich.

(Fortsetzung.)

Betrachtet man die Rechtsnorm an sich, wie es die Vertreter der Normentheorie thun, ganz ohne Rücksicht auf den Zusammenhang, in welchem sie steht, so überzeugt man sich bald, daß sie dann von anderen, verwandten Erscheinungen sich fundamental nicht unterscheidet. Ganz so, wie die Rechtsnorm, stellt fich bei diefer Betrachtungsweife auch die ethifche Norm, die Anftandsnorm, das Gebot der Religion und des guten Tones, der Etiquette, der Mode dar. Es ift nun gewiß eines der Hauptverdienfte der Vertreter der Normentheorie, daß fie bei weitem ftärker, als es je vor ihnen gefchehen ift, die Bedeutung des Imperativs als folchen betont haben[119]). Man fügt fich einem Imperativ, eben weil er ein Imperativ ift, ohne Rückficht auf einen darauf etwa gefetzten Zwang. Diefe jedem Imperativ innewohnende Kraft, auf den menfchlichen Willen zu wirken, ift aber eine pfychologifche, keine „logifche" Eigenfchaft desfelben, fie ift von der logifchen Form des Imperativs unabhängig, fie wirkt überhaupt nicht auf den Verftand, fondern auf das Gefühl und den Willen, und zwar bei der Rechtsnorm, in ganz derfelben Weife wie bei den anderen eben genannten Arten von Normen.

In welcher Weife wirkt nun ein Imperativ auf unferen Willen? Wie geht diefer pfychologifche Proceß vor fich? Die Antwort auf diefe Frage muß auf die Erkenntniß der Natur der Norm überhaupt und der Rechtsnorm insbefondere von der eingreifendften Bedeutung fein, und fie kann nur durch die pfychologifche Forfchung gegeben werden. Alexander Bain hat fich mit diefer Frage fehr eingehend befchäftigt, denn die Löfung des Problems, die er giebt, bildet den Ausgangspunkt feiner Theorie von der Entftehung des Willens; jene fetzt aber die Richtigkeit der letzteren keineswegs voraus, fondern kann auch vom Standpunkte der Wundt'fchen Willenstheorie acceptirt werden[120]). Der berühmte englifche Pfychologe kommt auf das in Rede ftehende Problem an mehreren Stellen des zweiten Theiles feines Hauptwerkes zurück[121]) und feine Ausführungen, welche in hervorragendem Maße geeignet find, über diefe fchwierige und wichtige Frage Licht zu verbreiten, mögen hier ihrem wefentlichen Inhalte nach wiedergegeben werden.

Aus denfelben ergiebt fich, daß der letzte Grund der Einwirkung des Imperativs auf den menfchlichen Willen immer in einer Affociation desfelben mit der Idee des Zwanges liegt. Ein Kind lernt dem Befehl gehorchen, wie ein junges Pferd der Peitfche fich fügen lernt. Die fcharfen abgeriffenen Töne, in welchen der Befehl vorgebracht wird, fallen ihm unangenehm in's Ohr, es macht derfelchen Bewegungen, um ihnen zu entgehen, macht es zufällig die erwünfchte Bewegung, fo hört die unangenehme Einwirkung diefer Töne auf, oder es treten an deren Stelle weiche, fchmeichelnde Töne[122]). Wer je gefehen hat, wie junge Pferde dreffirt werden, oder wie Seiltänzer ihre ganz kleinen — in der Regel noch nicht zweijährigen — Kinder abrichten, der wird die Richtigkeit diefer Beobachtungen beftätigen; weniger in die Augen fallend, aber nicht minder zutreffend find diefe Bemerkungen in Bezug auf die gewöhnliche Kindererziehung. Diefe Periode kann man daher entfchieden die Periode des propulfiven Zwanges nennen; es werden alle Bewegungen gehemmt, mit Ausnahme der erwünfchten. Erft fpäter lernt das Kind verftehen, daß die fcharfen, abgeriffenen Laute fofort aufhören, wenn gewiffe Bewegungen gemacht werden. Dies ift bereits die Periode des compulfiven Zwanges. Die pfychologifche Affociation diefer Bewegungen mit jenen Lauten wird mit der Zeit immer inniger, fo daß die erfteren häufig beinahe mechanifch gemacht werden, wenn die entfprechenden Töne in's Ohr fallen; erft jetzt entwickelt fich beim Kinde die Idee des Befehles, der compulfive Zwang wird zum pfychologifchen Zwang[123]). Aber

auch das, was für den erwachfenen Menfchen abftracte Norm ift, ift für das Kind nur Befehl: die Gebote der Moral, des Rechtes, der Religion, des Anftandes, des guten Tones, exiftiren für das Kind nur als Befehle feiner Eltern, feiner Erzieher, überhaupt feiner Umgebung, bis fich in ganz derfelben Weife der Anfangs compulfive Zwang zum pfychologifchen Zwang entwickelt[124]).

Diefes letztere Moment des pfychologifchen Zwanges ift einem jeden Imperativ immanent; es würde aufhören, Imperativ zu fein, wenn es ein derartiges Moment des pfychologifchen Zwanges nicht enthielte[125]). Dabei kommt es jedoch auf die grammatifche, ja fogar logifche Form des Imperativs gar nicht an, auch die Bitte ift ihrem Wefen nach Imperativ, fie wirkt auf den menfchlichen Willen in ganz derfelben Weife wie der letztere, nur ift bei der pfychologifchen Analyfe viel weniger intenfiv. In derfelben Weife wirkt auch die Rechtsnorm unmittelbar auf den Willen ein, und dies hervorgehoben zu haben ift ein fehr bedeutendes Verdienft der Normentheorie, aber dies ift nicht blos ein für die Rechtsnorm charakteriftifches Moment, es kommt bei jeder anderen Norm in ganz demfelben Maße vor.

Bierling will, wie es fcheint, den Unterfchied zwifchen Rechtsnorm, zumal der ftaatlichen Rechtsnorm, auf die es hier einzig ankommt, und anderen Normen in dem Inhalte derfelben erblicken[126]). Diefes ift ganz beftimmt unrichtig. Rechtsnormen haben nicht nur häufig, wenn auch nicht immer, denfelben Inhalt wie ethifche Normen, fondern es werden nicht felten ethifche Normen zu Rechtsnormen erhoben, während Rechtsnormen fich im Laufe der Zeit zu rein ethifchen Normen abfchwächen. War es vor zehn Jahren ein Gebot der Moral, keine Wucherzinfen zu nehmen, fo ift dies heute in einem ziemlich engen Umfange ein Gebot des Rechtes. Diefelbe Norm beftand aber fchon viel früher als Rechtsnorm und wurde nachträglich erft zu einer blos ethifchen Norm abgefchwächt. Viel richtiger wäre es anzunehmen, daß eine Norm zur Rechtsnorm werde durch Anerkennung von Seite des Staates, aber als alleiniges Kriterium kann auch das nicht dienen. Wer namentlich älteren Gefetzen irgend welche Aufmerkfamkeit gewidmet hat, der wird wohl die Bemerkung gemacht haben, daß Klugheitsregeln und Sittenfprüchlein darin einen ziemlich großen Raum einnehmen; und es würde ihnen auch darin ganz diefelbe Anerkennung von Seite des Staates zu Theil, wie den Rechtsnormen, welche die Gefetze enthalten. Ja wo eine gewiffe Religion ftaatlich als herrfchende anerkannt wird, da kann man mit Fug fagen, daß der Staat auch alle religiöfen Gebote, ja fogar alle Dogmen eben fo gut anerkennt wie die Rechtsnormen; zu Rechtsnormen werden diefe aber erft in Folge deffen wohl nur, abgefehen von Fällen, wo er mit Zwang auf deren Befolgung bringt (z. B. Sonntagsruhe in England.[127]))

<hr>

¹¹⁹) Diefe Kraft der Rechtsnorm als Imperativ wird auch von Ihering anerkannt. Zweck II. Aufl., Bd. I, S. 381. Vergl. insbefondere: „So hängt die Sicherheit des Rechts fchließlich nur an der Energie des nationalen Rechtsgefühls." (S. 382.) Vergl. in diefer Richtung von den Vertretern der Normentheorie Binding: Normen, Bd. II, S. 228 flg.; Bierling: Zur Kritik, Bd. I, S. 139 flg. Thon in Grünhut's Zeitfchrift Bd. VII, S. 244.

¹²⁰) Anerkannt von Wundt: Phyfiol. Pfychol., 3. Aufl. Bd. II, S. 469; Philofoph. Studien, Bd. I, S. 356.

¹²¹) The emotions and the will. Third edition. London 1875, p. 285 squ., p. 333 squ., p. 341 squ., p. 466 squ.

¹²²) a. a. O. p. 341 i. f. squ.

¹²³) a. a. O. p. 305 squ.

¹²⁴) a. a. O. p. 407 squ.

¹²⁵) Sagt Thon in Grünhut's Zeitfchrift Bd. VII, S. 217, dafelbe?

¹²⁶) a. a. O. Bd. I, S. 3 flg.: „Die Rechtsnorm unterfcheidet fich von anderen Arten vollkommen dadurch, daß fie als Regel des Zufammenlebens eines beftimmten Kreifes von Menfchen Seitens der dazu Gehörigen fortgefetzt anerkannt wird." S. 12: „Staatliche Normen find Normen, die als Regel des ftaatlichen Lebens Seitens der Staatsgenoffen fortgefetzt anerkannt werden." S. 170: „Das unterfcheidende Merkmal des Rechtsbegriffes im Gegenfatze zum Sittlichen ift . . . die Anerkennung der betreffenden Regeln für das Handeln als Normen des Gemeinfchaftslebens Seitens der Genoffen." (Nicht im Widerfpruche damit S. 163.) Bd. II, S. 37: „Wir dürfen unbedenklich die Rechtspflicht als das Gebundenfein an eine Norm definiren, beftehend in der Anerkennung derfelben als Gemeinfchaftsnorm . . . [preisl auf das ftaatliche Recht angewandt als das Gebundenfein an eine Norm, beruhend auf der Anerkennung derfelben . . . als Norm des ftaatlichen Zufammenlebens." — Immerhin geftehe ich, daß ich beften nicht ficher bin, ob ich ihn richtig auffaffe, trotz Bd. II, S. 34, Note.

¹²⁷) Henry Sumner Maine: Ancient Law, fifth edition p. 371 hebt hervor, daß in früheren Culturepochen häufig bloße Sünden von Staatswegen beftraft wurden, z. B. in Athen vom Areopagus. Damit war die Begehung folcher Sünden vom Staate durch die Rechtsnorm verboten.

Es ergibt sich daraus, daß man mit Ihering annehmen muß, das einzige Kriterium der Rechtsnorm sei der Umstand, daß der Staat mit seiner ganzen Autorität, unter Anwendung aller ihm zu Gebote stehenden Zwangsmittel, für deren Durchführung eintritt[128]. Was nun diese Rechtsnorm in ihrer höchsten Ausbildung, in welcher sie uns im heutigen Staate entgegentritt, ganz besonders charakterisirt, das ist das Verhältniß, in welchem der Zwang zur Norm steht: er ist mit größter Genauigkeit systemisirt, für jede Norm ist im Voraus die Art des Zwanges bestimmt, durch welchen gerade diese Norm sanctionirt wird, und auch die Verhängung der Zwangsmittel ist nicht willkürlich und ungeordnet, sondern auf das Genaueste organisirt; es sind auch die staatlichen Organe im Voraus bestimmt, denen in dieser Beziehung die Ingerenz zusteht. Es muß jedoch hervorgehoben werden, daß eine derartige Systemisirung und Organisirung natürlich erst als Frucht langer Entwickelung sich darstellt, und man wird es keineswegs zugeben können, daß sie auch heute schon absolut in allen Richtungen durchgeführt ist. Auch der moderne Staat kennt Normen, welche, obwohl sie äußerlich nach allen Richtungen als Rechtsnormen erscheinen, durch einen systemisirten und organisirten Zwang nicht sanctionirt sind; es sind dies eben unentwickelte Rechtsnormen, Zwischenbildungen zwischen Rechtsnormen und Normen anderer Art. Durch einen anderweitigen Zwang sind aber auch diese in der Regel sanctionirt wie jede Norm. Faßt man daher den Begriff des Zwanges gar zu eng[129], so kann man allen diesen Erscheinungen unmöglich gerecht werden, und mit vollem Rechte könnte Thon leugnen, daß Zwang in diesem Sinne wesentliches Merkmal des Rechtes sei[130]. Es darf jedoch auch vom Standpunkte Thon's nicht geleugnet werden, daß sich diese Zwischenbildungen keinen ethischen Normen in demselben Maße nähern, als sie sich von der Natur der Rechtsnormen entfernen.

Die stärkste Stütze der Lehre Binding's, Thon's und Bierling's bildet die Existenz von Verfassungsgesetzen, welche angeblich durch gar keinen Zwang sanctionirt sind. Allein für gewisse dieser Verfassungsgesetze ist dies ganz zweifellos nur dann berechtigt, wenn man die sogenannte ungeordnete Rechtsverfolgung als Rechtszwang gar nicht gelten lassen will, was schwerlich begründet ist[131]. So z. B. gab das alte ungarische Verfassung ähnlich von den Ständen das Recht des bewaffneten Widerstandes für den Fall eines Rechtsbruches Seitens des Königs. Dieses Recht ist nunmehr aufgehoben. Kenner der ungarischen Verfassung behaupten aber, daß es in der That noch immer bestehe und seiner nur "aus Schicklichkeitsgründen" nicht mehr Erwähnung geschieht. Ob ein solches Recht auch noch in einem anderen Lande existirt, ließe sich nicht ohne weiters sagen, sondern nur nach einem genauen Studium des Geistes und der Geschichte der Verfassung. Ausdrücklich ausgesprochen ist es gegenwärtig schwerlich irgendwo; daß das Volk von dem Augenblicke an an die Verfassung nicht gebunden sei, wo ihrer der König nicht mehr achtet, scheint doch eine viel zu nahe liegende Idee zu sein, als daß sie nicht hie und da zur Geltung verschafft und behalten hätte.

Anders haben sich bekanntlich jene Verfassungen die Sache zurechtgelegt, denen die englische als Muster gedient hat. Hier ist die Verfassung jedenfalls durch Zwang sanctionirt, nur richtet sich der Zwang, insofern die Person des Staatsoberhauptes in Frage kommt, nicht gegen dieses, sondern gegen bessere Werkzeuge. Da das Staatsoberhaupt aber zu seiner Regierungshandlung fremder Hülfe bedarf, so wäre es gewiß unrichtig, zu sagen, daß diesen Verfassungsgesetzen das Zwangsmoment in dem Sinne, wie es in der Regel die Rechtsnormen charakterisirt, fremd sei. Freilich können auch solche Handlungen des Staats-

oberhauptes die bedenklichsten Folgen nach sich ziehen, für welche, wenigstens nach den meisten Verfassungen, Niemand zur Verantwortung gezogen werden könnte; z. B. Handlungen, die er als oberster Befehlshaber der Armee vollführt, eben so wie er etwa auch morden oder stehlen kann, ohne daß Jemand dafür zur Verantwortung gezogen werden könnte[132]. Es fragt sich aber, ob Normen, welche so ohneweiters von ihm übertreten werden dürfen, noch als Rechtsnormen ihm gegenüber gelten können? Die Römer hatten den Muth zu sagen: princeps legibus solutus est, und dies wird auch heute noch für jeden unverantwortlichen Souverän gelten müssen.

Ganz dasselbe Verhältniß besteht in noch viel weiterem Umfange bei jenen Verfassungen, welche das Princip der Ministerverantwortlichkeit überhaupt nicht kennen, wie formell die preußische Verfassung und — wenigstens materiell — auch die Verfassung des Deutschen Reiches. Es handelt sich eigentlich darum, ob die Normen der Verfassung Rechtsnormen sind und als solche ganz dieselbe Natur wie alle anderen in regelmäßiger Weise sanctionirten Rechtsnormen haben oder nicht? Eine Antwort darauf zu geben ist nicht möglich, ohne auf die weitere Frage einzugehen, wie sich nach solchen Verfassungen eine verfassungswidrige Regierungshandlung des Staatsoberhauptes darstellt. Ist die Regierungshandlung giltig, verbindet sie die Staatsunterthanen wie eine verfassungsmäßige Regierungshandlung oder nicht? Diese Frage ist nur aus dem Geiste und der Geschichte der Verfassung zu beantworten, und zwar wohl für das Deutsche Reich anders als für Preußen[132]. Ist sie als nichtig anzusehen, besteht sie rechtlich nicht, so ist Jedermann berechtigt, derselben den Gehorsam zu verweigern und gegen Denjenigen, welcher ihn nöthigen will, den Ungehorsam aufzugeben, würde nach der Rechtslage richten: seine Handlung könnte insbesondere als Beschränkung der persönlichen Freiheit, als Rechtsbeugung &c. der strafrechtlichen Beurtheilung ausgesetzt sein. Das Verhältniß ist hier ein ähnliches wie bei den Verfassungen nach englischem Muster, nur complicirter und in vielen Beziehungen unklarer. Was Preußen betrifft, so wurde die Frage bekanntlich im entgegengesetzten Sinne beantwortet: Regierungshandlungen, welche einen Verfassungsbruch involviren, seien giltig und für die Staatsbürger verbindlich. In diesem Falle ist es ganz unmöglich, in den Normen der Verfassung Rechtsnormen zu erblicken. Das Staatsrecht würde dann einen unheilbaren Widerspruch enthalten, es würde einerseits das Staatsoberhaupt verpflichten, gewisse Rechtsnormen zu beachten, andererseits aber eine Uebertretung dieser Rechtsnormen als neue Rechtsnorm sanctioniren, und zwar unter Anerkennung des Umstandes, daß sie in der That nur in Folge, nur durch Uebertretung einer Rechtsnorm zu Rechtsnormen wurden, es würde dann jedenfalls jener Tendenz vollständig entbehren, welche selbst Bierling als ein wesentliches Merkmal einer jeden Rechtsnorm betrachtet, der Tendenz nach Geltungsbewährung, das Recht würde in der verbotenen Handlung eine viel bedeutendere Relevanz zugestehen als dem Gebote. Dies sind aber ganz unmögliche Consequenzen. Solche Verfassungen sind in der That durchaus absolutistisch, sie enthalten nur das einseitige Versprechen des Staatsoberhauptes, bei der Regierung sich durch gewisse Normen für gebunden zu halten. Sie sind lex imperfecta, folglich auch keine lex imperfecta — denn auch die Uebertretung einer solchen zieht Rechtsfolgen nach sich. Wie jedes einseitige Versprechen begründet auch dieses die ethische Pflicht, das Versprochene zu halten, eine ethische Verpflichtung, welche unter Umständen gewiß nicht schwächer wirkt als die häufig recht papierene Ministerverantwortlichkeit der Verfassungen nach englischem Muster, aber Rechtsnormen sind deswegen immer nicht enthalten[134].

---

[128] Ihering: Zweck im Rechte. II. Aufl. Bd. I, S. 320 flg.

[129] Ihering thut es nicht. Zweck im Rechte, II. Aufl., Bd. I, S. 323 flg.

[130] In Grünhut's Zeitschrift Bd. VII. S. 248 flg.

[131] Merger: System des österreichischen Civilprocesrechtes, S. 3 flg., insbesondere S. 6, 7 und Note 3.

[132] "Es läßt sich keine (Verfassung) denken, welche die Staatsgewalt factisch der Möglichkeit beraubte, das Gesetz mit Füßen zu treten." Ihering: Zweck. II. Aufl., Bd. I, S. 381.

[133] Vergl. darüber Laband: Staatsrecht des Deutschen Reiches, Bd. I, S. 512, und Schulze in Marquardsen's Handbuch des öffentlichen Rechtes, Bd. II, Abth. II, S. 31 flg. (§. 8).

[134] Pro honore domus mag hier bemerkt werden, daß diese Frage

Es läßt sich daher allerdings nicht leugnen, daß es Normen gibt, welche, obwohl durch keinen systemisirten und organisirten Zwang sanctionirt, den Rechtsnormen in vielen Beziehungen ähneln, aber die Kluft zwischen ihnen und den Rechtsnormen im eigentlichen Sinne ist noch immer groß genug, als daß man sie bei der Definition des Rechtes unberücksichtigt lasse: man darf sie mit Grund nicht als Rechtsnormen, sondern als Zwischenbildungen zwischen denselben und den ethischen Normen betrachten[130]).

Schwieriger gestaltet sich die Frage allerdings mit Rücksicht auf gewisse Culturperioden, während welcher eine staatliche Organisation noch nicht einmal recht eigentlich im Entstehen begriffen oder vollständig abgestorben ist. Obwohl auch hier schon gewisse Normen allgemein anerkannt werden und einer gewissen socialen Sanction nicht entbehren[136]), so kann selbstverständlich von einer Sanction dieser Normen durch andere Normen, welche für den Fall der Uebertretung der ersteren Zwangsmaßregeln androhen, wie dies nach dem oben Ausgeführten ein wesentliches Merkmal der Rechtsnormen ist, keine Rede sein. Auch kann es als festgestellt betrachtet werden, daß es Völker gibt, bei denen wohl gewisse sociale Institute vorkommen, die als identisch betrachtet werden müssen mit solchen, welche bei uns als Rechtsinstitute gelten, durch Rechtsnormen beschützt werden, wie Eigenthum, Ehe, Schuldforderungen, daß diese Völker jedoch die aus der Existenz dieser socialen Institute sich ergebenden Beschränkungen der individuellen Willkür unverbrüchlich beobachten, ohne daß je irgend Jemand durch Zwang dazu angehalten werden müßte[137]). Dies würde aber im besten Falle nur beweisen, daß der Charakter der diese Institute schützenden Normen nach Ort und Zeit verschieden sein kann: daß heute Normen existiren, welche als Rechtsnormen betrachtet werden müssen, ohne durch staatlichen Zwang sanctionirt zu sein, läßt sich daraus unmöglich entnehmen. Vielmehr kann man mit Post[138]) behaupten, daß diese Völker überhaupt ohne Recht leben, denn die Normen, die sie beobachten, sind keine Rechtsnormen im eigentlichen Sinne des Wortes, sondern scheinen ebenfalls eine Zwischenbildung zu sein, wie sie auch in der heutigen Gesellschaftsordnung nicht ganz unvertreten sind und von denen Eine eben besprochen wurde.

(Fortsetzung folgt.)

Ueber Lücken im Rechte.

Von Dr. E. Ehrlich.

(Fortsetzung.)

Endlich wird noch darüber gestritten, ob die Normen hypothetische oder unbedingte Imperative seien. Binding[130]) scheint sich die Norm stets als unbedingten Imperativ zu denken; wenn er von Normen als bedingten Imperativen spricht, so ge-

---

[130]) Normen, Bd. I, S. 130, und sonst; wieder anders Bd. I, S. 30 flg. Ueberschreitung der Norm bedingt die Rechtsfolgen derselben.

schickt dies in einem anderen Sinne. Dagegen nimmt Thon — mit Jhering — an, daß jede Norm einen bedingten Imperativo enthalte[140], während Sterling sowohl bedingte als auch unbedingte Normen kennt[141]. Die Ansicht Thon's ist jedoch wohl die richtige, die Sterling'sche scheint dagegen auf einer ungenauen Beobachtung zu beruhen. Wenn Sterling als Beispiel unbedingter Normen etwa „du sollst nicht stehlen" oder „du sollst nicht tödten" anführen möchte, so ist dem zu entgegnen, daß die Ausdrücke „stehlen" oder „tödten" nicht einfach Handlungen, sondern Handlungen, welche unter gewissen Voraussetzungen vorgenommen werden, bedeuten. Der Ausdruck stehlen bedeutet, „eine bewegliche Sache aus eines Andern Innehabung entziehen", also nicht etwa „entziehen" schlechthin, sondern unter gewissen Voraussetzungen entziehen. Eben so bedeutet „tödten" nicht etwa schießen, schlagen, stechen schlechthin, sondern unter solchen Voraussetzungen schießen, schlagen, stechen, daß daraus eines anderen Menschen Tod erfolge. Diese Normen verbieten also nicht einfach die Handlungen des Entziehens, des Schießens, oder Stechens, sie verbieten diese Handlungen blos unter gewissen Voraussetzungen, Bedingungen, und sind trotz ihrer anscheinend unbedingten Form in der That bedingt durch diese Voraussetzungen. Und da wohl keine menschliche Handlung je absolut gewisse Rechtsfolgen nach sich gezogen hat, sondern stets nur unter gewissen Voraussetzungen, so darf man auch alle Rechtsnormen als bedingte Normen auffassen.

Diese letztere Betrachtung ermöglicht es, endlich zu dem Eingangs berührten Probleme zurückzukehren: Warum „allgemeine Sätze", warum „Definitionen", auch wenn sie in einem Gesetze ausgesprochen wurden, unverbindlich seien? Diese „allgemeinen Sätze", „Definitionen" 2c. enthalten nämlich keine Normen, sondern geben blos die Bedingungen an für das Lebendigwerden von Normen[142], und naturgemäß können nur erstere verbindlich sein, denn man kann nur Geboten oder Verboten zuwiderhandeln, nicht auch den Voraussetzungen derselben. Es soll hier der Versuch gemacht werden, diesen Satz an einigen Bestimmungen des allgemeinen deutschen Handelsgesetzbuches über die stille Gesellschaft zu erhärten.

Es ist vor Allem klar, daß der Art. 250, Absatz 1, keine Norm enthält. Wenn es dort heißt, eine stille Gesellschaft ist vorhanden, wenn sich Jemand an dem Betriebe des Handelsgewerbes eines Andern mit einer Vermögenseinlage gegen Antheil am Gewinn und Verlust betheiligt, so ist damit zwar gar kein Imperativo, weder Gebot noch Verbot, statuirt. Es ist damit nicht geboten, sich an einem Handelsgewerbe ohne Antheil am Gewinn und Verlust, sondern etwa blos gegen fixe Verzinsung zu betheiligen (Darlehen, Rente), eben so wenig sich am Gewinn und Verlust zu betheiligen, ohne eine Vermögenseinlage gemacht zu haben, sondern blos als Entgelt für die geleistete Arbeit. Auch entspringt das Verbot der Betheiligung blos an dem Gewinne nicht auch am Verluste im Gebiete des gemeinen Rechtes nicht dieser Bestimmung, sondern einer ganz andern Norm, eben so wie früher in Oesterreich (Verbot der societas leonina — §. 1196 a. b. G. B.) und verbindet daher keineswegs überall, wo das Allgemeine Handelsgesetzbuch gilt. Dieser Artikel enthält daher keineswegs Normen, sondern blos Voraussetzungen für die Anwendung der weiter folgenden gesetzlichen Bestimmungen, er definirt den Vertrag, auf welchen sich die weiter folgenden Normen beziehen, er bedeutet blos, daß ein Vertrag, bei welchem diese Voraussetzungen nicht zutreffen, keine stille Gesellschaft ist.

Anders verhält es sich aber mit dem Absatze 2 dieses Artikels. Es unterliegt keinem Zweifel, daß er für Oesterreich eben so wie für den größten Theil Deutschlands absolut keine Bedeutung hat; würde er weggelassen werden, so würde sich der Rechtszustand dieser Gegenden in gar nichts verändern, Verträge über stille Gesellschaften würden nach wie vor formlos

aschlossen werden können. Nach preußischem Rechte bedürfen jedoch Verträge im Allgemeinen der schriftlichen Form; diese Norm wird durch den Absatz 2 berogirt, und da eine Norm nur durch eine Norm außer Kraft gesetzt werden kann, so ist auch dieser Absatz 2 als eine Norm, und zwar eine vereinzelnte Norm zu betrachten[143]. Aber natürlich blos für das Gebiet des allgemeinen Landrechtes. Für das Gebiet des gemeinen und österreichischen Rechtes existirt sie eigentlich gar nicht.

Der erste Absatz des Art. 251 ist blos eine Fortsetzung des Art. 250 H. G. B. Es ist dem Inhaber eines Handelsgewerbes keineswegs verboten, einen Vertrag über stille Gesellschaft abzuschließen; gemäß die Geschäfte unter der Firma des stillen Gesellschafters zu betreiben wären, nur würde ein solcher Vertrag eine stille Gesellschaft nicht begründen; es wird, trotz des dahin gehenden Willens der Parteien, die Voraussetzung für die Wirksamkeit der Vorschriften des dritten Buchs, ersten Titels des Handelsgesetzbuches nicht gegeben sein, insbesondere nicht die Voraussetzung für die Wirksamkeit der wichtigsten Vorschrift desselben über die beschränkte Haftbarkeit eines Gesellschafters. Das wurde denn im Art. 257 ausdrücklich hervorgehoben. Diese beiden Artikel enthalten daher ebenfalls keine Normen, sondern fahren nur mit der Definition der stillen Gesellschaft fort, indem sie die im Art. 250, Absatz 1, gegebene Begriffsbestimmung fortsetzen.

Dagegen enthält Art. 251, Absatz 2, bereits zwei Normen; eine an den Inhaber des Handelsgewerbes gerichtet: „Wenn du einen Vertrag über stille Gesellschaft abgeschlossen hast, so darfst du wegen der Betheiligung des stillen Gesellschafters eine das Verhältniß eines Handelsgesellschafters andeutende Firma nicht annehmen." Die Rechtsfolgen des Vertrages über stille Gesellschaft treten zwar ein, sie können durch diese Handlungsweise des Inhabers des Handelsgewerbes nicht berührt werden, wenn der stille Gesellschafter nicht ausdrücklich oder stillschweigend dazu die Einwilligung gegeben hat, aber dieses Verhalten desselben ist verboten. An die verbietende Norm knüpft sich eine zweite, welche an den Richter gerichtet ist: „Nimmt der Inhaber des Handelsgewerbes wegen der Betheiligung des stillen Gesellschafters eine das Verhältniß einer Handelsgesellschaft andeutende Firma an, so soll dies durch eine Ordnungsstrafe geahndet werden."

(Fortsetzung folgt.)

[140] Rechtsnorm und subjectives Recht, S. 350, Note 6; S. 361.
[141] a. a. O. S. 297 flg.
[142] Vergl. Thon a. a. O. S 7, 361 flg.

Aeber Lücken im Rechte.

Von Dr. E. Ehrlich.

(Fortsetzung.)

Art. 252 nimmt die Definition der stillen Gesellschaft von Neuem auf [144]). Im Absatze 1 ist keineswegs gesagt, daß, wer einen Vertrag über stille Gesellschaft abschließt, das Eigenthum (beziehungsweise das Nutzungsrecht) an der Einlage an den Inhaber des Handelsgewerbes übertragen muß, oder daß durch Abschluß eines solchen Vertrages eo ipso schon das Eigenthum übertragen wird, es ist damit nur gesagt, daß, wenn Jemand einen Vertrag über stille Gesellschaft abgeschlossen, sich aber das Eigenthum der Einlage (resp. das zur Einlage bestimmte Nutzungsrecht) vorbehalten hätte, der Vertrag keine stille Gesellschaft begründen könnte. Es ist damit also ebenfalls nur eine Voraussetzung für die Wirksamkeit der auf die stille Gesellschaft sich beziehenden Normen ausgesprochen. Der Absatz 2 hebt blos eine Consequenz der im Art. 250 gegebenen Definition der stillen Gesellschaft hervor, denn aus dieser ergibt sich zur Genüge, daß der stille Gesellschafter nicht verpflichtet ist, die Vermögenseinlage über den vertragsmäßigen Betrag zu erhöhen, oder die durch Verlust verminderte Einlage zu ergänzen. Ebensowenig wie die Definition eine Norm ist, kann auch eine bloße Consequenz derselben eine Norm sein, wie man schon daraus ersieht, daß diese Bestimmung kein Verbot und kein Gebot enthält, und auch den Richter nicht anweist, anders zu entscheiden, als er entscheiden müßte, wenn sie nicht bestände. Würden die Parteien das Gegentheil verabreden, so würden sie ganz einfach eine um den Betrag, welcher später nachgefordert werden dürfte, höhere Einlage unbedingt oder für den Fall von Verlusten vereinbaren.

Wohl sind aber im Art. 253 H. G. B. Normen enthalten, obwohl im Geiste der Normentheorie diese Bestimmung nicht die Berechtigung des stillen Gesellschafters, sondern die Verpflichtung des Inhabers des Handelsgewerbes zur Mittheilung der Bilanz, Bücher und Papiere einmal im Jahre, aus wichtigen Gründen aber jederzeit, festitellen müßte. An diese Norm knüpft sich die zweite: „Sollte der Inhaber des Handelsgewerbes die Wichtigkeit der Gründe, aus welchen der stille Gesellschafter die Vorlage der Bücher und Papiere verlangt, nicht anerkennen, so sollen dieselben vom Richter im außerstreitigen Verfahren geprüft werden [145]).“ Abgesehen von der Bestimmung über das Verfahren enthält diese Stelle nur selbstverständliche Consequenzen anderer Normen, so daß sie eventuell hätte wegbleiben und der Art. 253 H. G. B. lauten können: „Der Inhaber des Handelsgewerbes soll die Abschrift der jährlichen Bilanz einmal im Jahre, aus wichtigen Gründen aber jederzeit dem stillen Gesellschafter mittheilen, die Prüfung derselben durch Gestattung der Einsichtnahme in die Bücher und Papiere ermöglichen“; daß dieselbe dazu im Processwege gezwungen werden könnte, verstünde sich doch von selbst.

Unscheinbar aber wichtig ist die im Art. 254 ausgesprochene Norm. Wenn im Vertrage über stille Gesellschaft die Höhe der Betheiligung am Gewinn und Verlust nicht vereinbart

würde, so müßte der Vertrag nach den Vorschriften des bürgerlichen Rechtes als zu unbestimmt für ungiltig erachtet werden. Diese Vorschriften des bürgerlichen Rechtes werden nun durch den Art. 254 als unanwendbar erklärt, derselbe enthält daher eine verneinende Norm. Eine selbstverständliche Consequenz derselben ist die weitere Bestimmung, daß der Antheil am Gewinn und Verlust vom Richter bestimmt werde [146]).

Aus diesem Beispiele kann man entnehmen, daß jene gesetzlichen Bestimmungen, welche blos die Voraussetzungen für den Eintritt von Normen angeben, sich recht scharf von den Normen selber abheben. Sie bilden aber mit den Normen stets ein einheitliches Ganze, ja sie sind eigentlich nichts als der bedingende Theil, wie Imperativ der dispositive Theil einer Norm ist. Auf jenen bedingenden Theil der Norm bezieht sich nun das, was man von denjenigen gesetzlichen Bestimmungen behauptet, welche man in der Regel als unverbindlich betrachtet, den Definitionen, Constructionen ꝛc.: daß sie eigentlich Aufgabe der Wissenschaft seien und in ein Gesetz nicht gehören. Diese Behauptung ist gewiß in einem gewissen Sinne richtig, aber auch, wenigstens in der Form, mißverständlich. Der erste Theil der Norm hat die Aufgabe, das Institut oder Verhältniß — diese allgemeinen Ausdrücke mögen vorläufig genügen — auf welche sich der zweite, dispositive Theil der Norm bezieht, möglichst genau zu bezeichnen. Diesen Zweck kann der Gesetzgeber im ersten Theile der Norm in einer doppelten Weise erreichen. Vor Allem kann er das Verhältniß, wenn es in der vulgären oder wissenschaftlichen Sprache einen Namen hat, blos mit diesem vulgären oder technischen Namen bezeichnen. So sagte das XII. Tafelgesetz einfach: cum nexum faciet mancipiumve uti lingua nuncupassit ita ius esto, sagte es aber nirgendwo, was nexum, was mancipium ist, denn die Bedeutung dieser Ausdrücke war den Römern ohnehin bekannt. Denn so hätte sich auch das Gesetz im Falle der stillen Gesellschaft damit begnügen können zu sagen: Wenn eine stille Gesellschaft begründet wird, so sollen 1. die gesetzlichen Bestimmungen über die schriftliche Form und sonstige zur Giltigkeit der Verträge erforderlichen Förmlichkeiten für diesen Fall außer Kraft treten; 2. so soll der Inhaber des Handelsgewerbes wegen Betheiligung des stillen Gesellschafters eine das Vorhandensein einer Handelsgesellschaft andeutende Firma nicht annehmen ꝛc. Was eine stille Gesellschaft ist, das muß uns das Gesetz ebensowenig sagen als den Römern die XII Tafeln gesagt haben, was nexum und mancipium ist, als uns etwa irgend ein Gesetz sagt, was eigentlich Inhaber- und Ordrepapiere sind: wir wissen trotzdem, worauf sich die betreffenden Normen beziehen, denn es gut wie dies hielt die Römer gewußt haben. Es ist dann Aufgabe der Wissenschaft, das Institut zu erfassen, genau zu beschreiben, welches vom Gesetz blos mit dem Namen bezeichnet wurde: also etwa das nexum oder mancipium, die stille Gesellschaft oder die Inhaberpapiere zu definiren, das heißt die Merkmale anzugeben, durch welche sich dieselben von anderen, von ähnlichen Instituten unterscheiden. Aber das Gesetz sucht häufig diese Aufgabe der Wissenschaft ganz oder theilweise abzunehmen, es sucht das Institut oder das Verhältniß, auf welches es die Norm bezogen wissen will, dadurch zu bezeichnen, daß es dasselbe definirt, dessen wesentlichen Merkmale hervorhebt.

Nun ist es bekanntlich eine Aufgabe der Wissenschaft, das Gesetz nach der Absicht des Gesetzgebers, wenn auch gegen den Wortlaut desselben, zu interpretiren. Diese Aufgabe fällt der Wissenschaft beiden Theilen der Norm gegenüber gleichmäßig zu: es macht gar keinen Unterschied, ob der Gesetzgeber das Verhältniß falsch charakterisirt hat, auf welches er die Imperative der Norm bezogen wissen will, oder ob er sich im dispositiven Theil der Norm unrichtig ausdrückte, etwas Anderes befohlen hat, als er hatte befehlen wollen. Trotzdem besteht ein Unterschied zwischen beiden Fällen. Vor Allem ist es ungleich schwie-

[144]) Vergl. darüber Laßig in Endemann's Handbuch, Bd. II, S. 704 flg., namentlich S. 707, Nr. III.

[145]) Entscheidung des österr. obersten Gerichtshofes vom 13. Jänner 1885.

[146]) Mit Rücksicht auf die obigen Ausführungen muß die Begriffsbestimmung der stillen Gesellschaft von Laßig in Endemann's Handbuch II, S. 704, der außer Art. 250 nur nach Art. 252, Absatz 1, und Art. 266, Absatz 1 (mit Recht), heranzieht, noch immer für zu weit betrachtet werden.

riger, eine richtige Definition als eine richtige Norm zu concipiren, für diese Aufgabe genügen schon wohl die Fähigkeiten eines tüchtigen praktischen Juristen, jenes erfordert ein großes Beobachtungstalent, nicht geringe stylistische Begabung: beides in einem Maße, wie es auch bedeutende Gelehrte nicht immer aufzuweisen haben. Ferner ist noch zu berücksichtigen, daß der Gesetzgeber, welcher sich nicht die Fähigkeit zutrauen sollte, eine Norm befriedigend zu redigiren, keine andere Wahl hat, als die Norm gar nicht zu erlassen. Dagegen wird die Definition durch die bloße Benennung des zu normirenden Rechtsinstitutes jedenfalls ersetzt, und so hoch auch der Werth richtiger Legaldefinitionen — im Gegensatze zur herrschenden Strömung — angeschlagen werden mag, unrichtige Definitionen kann man in einem Gesetze in der Regel leicht missen. Ganz werthlos sind sie auch nicht, sie können möglicherweise für die Ermittelung der Absicht des Gesetzgebers sogar von größter Bedeutung sein, aber andererseits geben sie zu vielen Mißverständnissen Anlaß, können so manchem unberechtigten Ansprüche als Stütze dienen, zum Siege verhelfen; und dabei besitzen sie eine äußere Autorität, die den Kampf der Wissenschaft gegen dieselben ungemein erschwert. Daher der billige aber eigentlich nie befolgte Rath an den Gesetzgeber, er möge das Definiren überhaupt ganz der Wissenschaft überlassen, umsomehr, als er da eine Aufgabe freiwillig übernimmt, der er nicht gewachsen ist, die Andere besser erfüllen könnten.

Die Unverbindlichkeit falscher Definitionen ergibt sich daher aus der allgemeinen Regel, daß das Gesetz nach dem wahren Willen des Gesetzgebers, nicht nach dem Wortlaute zu interpretiren sei. Sie kann übrigens ad oculos demonstrirt werden. Wenn die Gläubiger ihrem insolventen Schuldner von den vollständig liquiden Forderungen 50 Percent nachlassen, ist das eine Schenkung? Man kann ja dabei den naheliegenden Fall setzen, daß sie gar keine besseren Bedingungen erhalten und daß sie es nur thun, um das ihnen verderbliche Concursverfahren zu vermeiden. Der gemeinrechtliche Jurist, dem die Theorie beinahe Gesetz ist, mag über die Frage, ob hier eine Schenkung vorliege, die Achsel zucken: es fehlt ja der animus donandi, das ist klar. Was soll aber der österreichische Jurist dazu sagen? Nicht blos paßt die Definition der Schenkung vollständig auf diesen Fall (§§. 938 und 939 a. b. G. B.), §. 1381 a. b. G. B. sagt zum Ueberflusse ausdrücklich: „Wer dem Verpflichteten mit dessen Einwilligung ein unstreitiges oder zweifelhaftes Recht erläßt, macht eine Schenkung." Trotzdem wird nicht leicht ein Jurist zu bewegen sein, in diesem Falle eine Schenkung zu erblicken. Oder sollen die Gläubiger etwa das Recht des Widerrufes wegen Undankes oder wegen nachgeborener Kinder haben?

Daran knüpft sich nun eine weitere Frage: Wenn das Gesetz das Institut, auf welches sich die Rechtsnormen beziehen, gar nicht definirt, sondern es blos benennt, woher nimmt dann die Wissenschaft das materielle Substrat für die Definition? Und wenn es das Institut falsch definirt, woher nimmt sie das materielle Substrat für die Correctur der falschen Definition? Die nächstliegende Antwort ist wohl ein Hinweis auf den wahren Willen des Gesetzgebers [17]), dieser sei für uns die einzige Quelle des Rechtes, nicht der Wortlaut des Gesetzes. Das ist vollständig richtig, insoferne es sich auf den Imperativ bezieht: denn der Imperativ ist ausschließlich ein Werk des Gesetzgebers und kann nach jeder Richtung auf den Willen des Gesetzgebers zurückgeführt werden, für den ersten Theil der Norm trifft dies jedoch blos insoferne zu, als wir stets den Willen des Gesetzgebers gemäß handeln, wenn wir die Disposition der Norm auf jenes Institut beziehen, auf welches er sie beziehen wollen, trotz des falschen von ihm gebrauchten Ausdruckes. Aber das Institut selber ist nicht mehr ein Werk des Gesetzgebers wie der Imperativ, nicht das Normirte ist dessen Werk, sondern die Norm. Der Bildhauer kann wohl aus Marmor einen Jupiter bilden, aber der Marmor muß ihm

anderwärts gegeben sein, er kann nicht aus Nichts einen marmorenen Jupiter bilden. Auf dem Willen des Gesetzgebers beruht es wohl, daß Schenkungen wegen Undankes widerruflich sind, aber die Schenkungen selber wurden vom Gesetzgeber nicht geschaffen. Woher wissen wir also, daß zur Schenkung der animus donandi gehört, wenn wir es nicht aus dem Willen des Gesetzgebers entnehmen können?

(Fortsetzung folgt.)

---

[17]) Im Wesentlichen sagt dies auch Binding: Normen, Bd. I, S. 66 flg.

Ueber Fiktionen im Rechte.

Von Dr. E. Schrutka.

(Fortsetzung.)

Brauchen wir denn wirklich eines Gesetzes, um zu wissen, was Schenkung ist? Haben wir dies nicht längst schon gewußt, bevor wir noch irgend etwas vom Privatrecht wußten? Gewiß, und dies ist auch bei den meisten Instituten des allgemeinen Civilrechtes der Fall. Jedermann weiß, ohne je Rechte studirt zu haben, was Kauf, Tausch oder Miethe, Diebstahl oder Betrug ist. Wer will, der mag hier ein intuitives Wissen annehmen, aber es ist weder nothwendig, noch auch richtig. Man schließt von Kindheit an so viele Verträge, sieht so viele Rechtsverhältnisse vor seinen Augen entstehen, sich entwickeln und untergehen, daß schon diese unwillkürliche und ganz primitive Beobachtung des täglichen Lebens genügt, um uns mit den allerwichtigsten und einfachsten Rechtsbegriffen vertraut zu machen. Für alle Rechtsbegriffe kann dieses jedoch nicht gelten. So zum Beispiel wird kaum Jemand auf diese Weise erfahren haben, was ein Contocorrente ist. In dem Handelsgesetzbuche sucht man ebenfalls vergebens nach einem Anhaltspunkt für die nähere Bestimmung dieses Begriffes. Aber auch die Beobachtung des täglichen Lebens bietet uns nichts in dieser Richtung, denn als Institut des gewöhnlichen Verkehres kann das Contocorrente nicht gelten. Hätten wir also nichts als das Gesetz und jene unwillkürliche, spontane Beobachtung, so wären wir den zwei Normen des Handelsgesetzbuches (Art. 291) und den zahlreichen gewohnheitsrechtlichen Normen gegenüber, welche sich auf das Contocorrente beziehen, rathlos; wir müßten alsdann, wann wir diese Normen anwenden sollten, denn durch reine Intuition wird Niemand erfahren, was ein Contocorrente sei. Doch die Wissenschaft und Praxis des Handelsrechtes haben es bereits ergründet: in jedem Lehrbuche des Handelsrechtes findet sich eine genaue Definition desselben, und ihnen, wie den zahlreichen Monographien, sieht man es genau an, wie sie entstanden sind: der stille Gelehrte hat für eine Weile die einsame Studierstube mit dem Comptoir des Kaufmannes, die vergilbten Folianten mit dem Haupt- und Correspondenzbuche vertauscht, er hat dem Treiben auf dem Markte, auch wie es sich in den Acten und in richterlichen Entscheidungen spiegelt, seine volle Aufmerksamkeit zugewendet; aus solchem Materiale hat die Wissenschaft die richtige Definition des Contocorrente abstrahirt: aus der Beobachtung des Lebens und des Verkehres. Oder daß man die Jurisprudenz mit Unrecht „die sonnenhelle Wissenschaft des täglichen Lebens" genannt [115])?

Nicht blos der Richter und der Gelehrte, sondern denselben Weg, den Weg des Studiums des Lebens, muß auch der Gesetzgeber einschlagen, wenn er ein Rechtsinstitut normiren will. Um sich darüber klar zu werden, darf er sich weder auf „seinen Willen", noch auf die Intuition verlassen; er muß es studiren, wie es im Leben vorkommt. Die Redactionsgeschichte des Titels des allgemeinen Handelsgesetzbuches über die stille Gesellschaft ist in dieser Beziehung wieder sehr belehrend. Die Berathungen der Commission erscheinen als ein steter Kampf zweier Principien: des Principes der Commanditgesellschaft und des Principes der deutschen stillen Gesellschaft, von denen jede ihr Terrain nacheinander schließlich für sich in Anspruch nahm. „In zweiter Lesung", sagt Hahn [117]), „überzeugt sich, daß jede der beiden Auffassungen der stillen Gesellschaft als innerlich gerechtfertigt betrachtet werden könne, wie auch beide Arten von Gesellschaften im Leben in Uebung seien, und erachtete es darum nicht blos für möglich, sondern auch für zweckmäßig, Demjenigen, welcher sich mit beschränkter Haftung an einem Handelsbetrieb zu be-

115) Vergl. darüber insbesondere Leonhard in Grünhut's Zeitschrift, Bd. X, S. 9 flg., besonders S. 10, Note 17.
117) Commentar, II. Aufl., Bd. 1, S. 646, und Laßig in Endemann's Handbuch, Bd. 1, S. 710 flg., 728 flg.

theiligen beabsichtigt, dazu einen zweifachen Weg zu eröffnen." Daß aber auch jene Rechtsinstitute, von welchen man in der Regel annimmt, daß sie durchaus ein Werk des Rechtes sind und vom Rechte dem Leben aufoctroyirt wurden, thatsächlich im Verkehre entstanden und vom Leben in's Recht übergegangen sind, hat Pernice [150]) gegen Bring und Andere überzeugend dargethan. Es kann ja gar keinem Zweifel unterliegen, daß nicht blos das Eigenthum und die verschiedenen Verträge, sondern auch die Formen der Verträge, die mancipatio, das nexum eben so wie etwa der Handschlag und der Weinkauf, nicht durch eine positiv-rechtliche Norm eingeführt, sondern unmittelbar im Leben entstanden und vom Rechte blos anerkannt wurden. Gerade für die Formen gilt dies in weit höherem Grade als von anderen Instituten, und darin liegt eben der Grund, warum eine Form für obligatorische Verträge, trotz der vielen Versuche, die in dieser Beziehung in früherer Zeit gemacht wurden, dem Leben nicht aufgedrungen werden kann: sie müssen eben aus dem Leben herauswachsen. Dies ist denn auch die Entwickelung, welche überall die Regel bildet und überdies für sie nicht blos historisch bezeugt ist. Ist es wohl charakteristisch, daß bei der Reception des römischen Rechtes nichts so entschieden abgelehnt wurde, wie die römischen Verkehrsformen?

Wenn man nun, wie es nicht selten geschieht, trotz alledem annimmt, daß die juristischen Begriffe rein intuitiv oder blos durch logische Schlußfolgerung aus dem Gesetze gewonnen werden, so ist dies ganz entschieden Selbsttäuschung sehr merkwürdiger Art in einem Jahrhundert, wo man ziemlich allgemein annimmt, daß alles materielle Wissen inductiv sei. Schon gegenüber dem ungeheueren Cultus der Logik, der bei Juristen überhaupt sich bemerkbar macht, dürfte es nicht ganz überflüssig sein, darauf hinzuweisen — es ist eigentlich sehr überflüssig, daß es wohl ganz überflüssig ist —, daß die Logik eine rein formale Wissenschaft ist, daß ihre Regeln nicht den Gegenstand des Denkens, sondern die Methode des Denkens betreffen. Der Jurist denkt gewiß logisch, es wäre traurig, wenn es nicht der Fall wäre —, aber er denkt nicht Logik. Zwei Gründe sind es, welche uns die Täuschung Jener erklären, die da glauben, die Logik sei auch materielles Substrat des juristischen Denkens. Vor Allem der Umstand, auf den hier schon bei einer anderen Gelegenheit hingewiesen wurde, daß gerade die wichtigsten Rechtsverhältnisse von großer Einfachheit und leicht zu begreifen sind und daß sie im Leben sehr häufig vorkommen; man macht sich mit ihnen vertraut so ganz von ungefähr, ohne daß es wüßte, die Beobachtung absichtlich auf sie zu concentriren. Wir lernen sie kennen ohne zu wissen, wie wir dazu kommen, und das erzeugt bei uns die Meinung, daß wir sie gar nicht beobachtet, sondern ihr Wesen, ihre Natur intuitiv erfahren haben. Etwas Aehnliches ist ja auch bei mathematischen Sätzen der Fall. Auch diese sind nicht Ergebnisse absichtlicher Beobachtung, sondern Inductionen auf Grund der bloßen Anschauung: man sah, daß zweimal Zwei Vier ist und formulirte diesen Erfahrungssatz dem entsprechend; weil man aber zu diesem Erfahrungssatze so leicht gekommen, glaubte man lange Zeit und glaubt noch heute, daß dazu überhaupt keine Beobachtung nöthig sei, daß man es ohne alle Beobachtung wisse [151]).

(Fortsetzung folgt.)

150) In Grünhut's Zeitschrift, Bd. VII, S. 492 flg.; vergl. auch Kent: Commentaries on American law. Twelfth edition. Boston 1873, Vol. IV, p. 313; vergl. auch Leroy-Beaulieu a. a. O. über die ganze Frage.
151) Vergl. über die Arithmetik Wundt: Philosophische Studien, Bd. I, S. 94 flg., insbesondere S. 121 flg.; für die Geometrie Helmholtz: Populär-wissenschaftliche Vorträge, Heft 3, S. 21 flg.; Wissenschaftliche Abhandlungen, Bd. II, S. 640.

Ueber Juden im Rechte.

Von Dr. J. Ehrlich.

(Fortsetzung.)

Ferner ist ein schon von Leist[162]) hervorgehobener Umstand nicht zu übersehen. Es sind nämlich die wichtigsten juristischen Beobachtungen bereits von den römischen Juristen gemacht und für die Jurisprudenz verwerthet worden. Diese Beobachtungen hatte man, so wie sie von den römischen Juristen niedergelegt wurden in wissenschaftlichen Werken, welche mit den Codificationen und sonstigen Gesetzen der Römer und der Neueren absolut nichts gemein haben, in's corpus iuris aufgenommen und dadurch erlangten sie gewissermaßen gesetzliche Kraft. Nun war das im corpus iuris enthaltene Recht so ziemlich das einzige, mit welchem sich die Rechtswissenschaft am europäischen Continente beschäftigte, denn die germanistische Jurisprudenz war stets mehr historisch als dogmatisch, die particularistische war ganz römisch, insoferne sie dogmatisch war. Das Alles gab der Meinung Boden, daß man für jede Definition alle nothwendigen Anhaltspunkte in Gesetze findet. Aus den in den Quellen enthaltenen, sehr scharfsinnigen Unterscheidungen, aus den seinen Entscheidungen vorgekommener Streitfälle klaubte man mit unsäglicher Sorgfalt die „gesetzlichen" Merkmale eines jeden juristischen Begriffes zusammen und ging dabei stets ausschließlich nach den Gesetzen der deductiven Logik vor, indem man bald aus einem Ausspruche der Quellen eine Consequenz zog, bald den Quellenausspruch auf seine Prämissen zurückführte. Auf diese Weise entstand die Täuschung, daß man für die Jurisprudenz der Induction vollständig entbehren könnte, man beachtet aber dabei nicht, daß dies doch nur insoferne richtig ist, als die Inductionen eben schon von den römischen Juristen gemacht wurden. So gewöhnte man sich daran, die Jurisprudenz als rein logische, das heißt deductive Wissenschaft anzusehen, und wer die juristische Literatur kennt, der wird zugeben, daß so mancher sehr bedauernswerther Auswuchs derselben nur auf diesen verhängnißvollen Irrthum zurückzuführen ist. Daß die Jurisprudenz logisch ist, wird kaum Jemand bestreiten; aber ist denn die Astronomie oder Chemie nicht logisch? Jede Wissenschaft ist ihrer Natur nach logisch, keine deducirt aber in's Blaue hinein, sondern stützt ihre Deductionen auf ein materielles Substrat. Dieses materielle Substrat sind bei der Jurisprudenz ebensowenig wie bei der Astronomie oder Chemie Hirngespinnste, sondern auf inductivem Wege gewonnene Beobachtungen, nur wurden die letzteren nicht im Laboratorium oder um die Geisterstunde auf der Sternwarte, sondern zum großen Theile am Markte, bei täglichen Einkäufen oder im Privatgespräche mit Freunden und Bekannten, und am häufigsten im geschäftlichen Verkehre, mühelos und ohne jede darauf gerichtete Absicht gemacht. Würde hier der Ort dazu sein, es wäre wirklich werth, den Versuch eines Beweises zu wagen, daß das Hauptverdienst der römischen Juristen nicht in ihrem „Rechnen mit Begriffen" liegt, nicht in der „logischen

---

162) Civilistische Studien, Heft IV. S. 166.

Schärfe" oder in der Methode, sondern in ihrem ungewöhnlichen Beobachtungstalent für die juristisch relevanten Vorgänge des täglichen Lebens, in der Feinheit, mit welcher sie Aehnliches von einander unterschieden, Verwandtes zusammenstellten und nie innerlich Fremdes unter irgend welchem Vorwande, sei es auch dem der wissenschaftlichen Construction, zusammenwürfelten[113]). Eine neue Codification wird daher das Studium des römischen Rechtes ebensowenig entbehrlich machen, als die Erfindung von Luftballons das Studium des Gravitationsgesetzes entbehrlich machte. In dem neuen Codex mögen neue Rechtssätze enthalten sein, aber es ist darin nichts, was uns die Beobachtung der Vorgänge des wirklichen Lebens ersetzen könnte. Da die wichtigsten dieser Vorgänge von den römischen Juristen in so erkannt unübertrefflicher Weise beobachtet und, im corpus iuris verwerthet, uns überliefert worden sind, so hätte es gar keinen Sinn, auf diese Arbeitsaat zu verzichten und dieselbe Arbeit noch einmal zu machen. Freilich, wo wir es mit Erscheinungen des modernen Lebens zu thun haben, dort müssen wir versuchen, uns auf eigene Füße zu stellen, nicht immer nach Anhaltspunkten bei den Römern suchen, sondern selber zu sehen und zu hören trachten. Dazu reicht heute aber bloße mühelose, unwillkürliche Erfahrung nicht mehr aus, an ihre Stelle muß genaues, eingehendes Studium der Vorgänge des täglichen Lebens und Geschäftsverkehrs treten, wie dies für das Contocorrente und die stille Gesellschaft bereits gezeigt wurde und für so manches andere Institut gezeigt werden könnte. Verdankt denn die Wissenschaft nicht jetzt schon einer solchen Beobachtung thatsächlich eine Menge neuer, wichtiger Lehren (Actiengesellschaften, Börsengeschäfte)[114])?

Man muß sich jedoch hüten, dabei das, was ausschließlich als Lebensverhältniß, als durch das Leben geschaffen und gebildet erscheint, mit dem zu verwechseln, was daran ein Werk des Rechtes ist; man muß sich hüten, das Lebensverhältniß bloß von dem Gesichtswinkel des Juristen aus zu betrachten, oder um in der Sprache der früheren Ausführungen zu reden: man muß sich hüten, das als Voraussetzung eines Imperativen (als zum ersten Theil der Normen gehörend) anzusehen, was schon an sich ein Imperativo (dispositiver Theil der Norm) ist. Dies thut Thon, wenn er, gegen das von Jhering für die wirkliche Form eines Rechtssatzes angeführte Beispiel polemisirend, behauptet, die Norm laute nicht: „Wenn eine Bürgschaft übernommen wird, und zwar von einer Frau, so soll dieselbe ungiltig sein", sondern „jeder Mann, der sich verbürgt, haftet aus seiner Bürgschaft." Aber das Lebensverhältniß: Bürgschaft kommt sowohl bei Frauen wie bei Männern vor; verfagt das Recht Bürgschaften, welche von Frauen übernommen werden, die Wirksamkeit, so setzt dies eine Norm voraus, welche den Eintritt von Rechtsfolgen in einem solchen Falle verneinen würde. Thon betrachtet also das was in der That schon Norm ist, als Merkmal des Lebensverhältnisses, auf welches sich Normen beziehen. Anders aber würde es sich verhalten, wenn das Lebensverhältniß Bürgschaft nur bei Männern vorkommen könnte, z. B. wegen Dispositionsunfähigkeit, Vermögenslosigkeit der Frauen; da bedürfte es keiner solchen verneinten Norm. Eben so stellt sich etwa die Norm dar, welche der Mutter die Pflicht auferlegt, ihr Kind zu erziehen. Da das Lebensverhältniß „Mutter" bloß bei bestimmten Personen vorkommt, so bezieht sich die Norm thatsächlich nur auf jene Personen, bei welchen dieses Verhältniß vorkommt; es besteht in der That keine Norm, welche die Wirksamkeit der Norm über die Erziehungspflicht bei anderen Personen, bei Männern, ausschließen würde. Dies erklärt auch die neuerdings viel besprochene Ausdrucksweise „ein ungiltiger Vertrag", „ein ungiltiger Wechsel". Mit dem Ausdrucke „Vertrag", „Wechsel" wird nicht ein Rechtsbegriff, sondern ein Lebensverhältniß bezeichnet, an welches das Recht unter gewissen

weiteren Voraussetzungen den Eintritt von Rechtsfolgen knüpft. Sind diese weiteren Voraussetzungen vorhanden — es sind dies in Bezug auf den Wechsel die in Art. 1, 4 und 7 W. O. erwähnten Voraussetzungen —, so treten die Consequenzen, die Rechtsfolgen ein, und wegen des Eintretens von Rechtsfolgen nennt man das Lebensverhältniß gültig. Sind die weiteren Voraussetzungen dagegen nicht vorhanden, so treten die Rechtsfolgen nicht ein, und man kann deswegen sagen, das Lebensverhältniß existire für das Recht nicht, sei im rechtlichen Sinne ungiltig, aber man kann nicht sagen, es existire überhaupt nicht, auch als Lebensverhältniß nicht, es liege überhaupt kein Vertrag, kein Wechsel vor[116]). Art. 7 W. O. thut deswegen ein Uebriges, wenn er einen ungiltigen Wechsel nicht einmal einen Wechsel, sondern „eine Schrift" nennt. Ist eine Schrift nicht einmal im Sinne des Lebens ein Wechsel, so wird Niemandem auch nur einfallen, daß daraus eine wechselmäßige Verbindlichkeit entstehen könnte. Bloß für solche Schriften, die im Leben noch immer als Wechsel betrachtet werden, aber den weiteren Voraussetzungen des Rechtes nicht entsprechen, kann die Frage entstehen, ob diese eine wechselmäßige Verbindlichkeit begründen oder nicht, bloß in einem solchen Falle ist die verneinende Norm von Bedeutung, welche der Art. 7 W. O. enthält; aus einem solchen Wechsel im Sinne des Lebens entsteht keine wechselmäßige Verbindlichkeit, er zieht keine rechtlichen Consequenzen nach sich.

(Fortsetzung folgt.)

---

113) Vergl. Leonhard in der Grünhut'schen Zeitschrift, Bd. X, S. 10 flg.

114) Die Rechtsnorm von dem ihr zu Grunde liegenden Verhältniß (Rechtsgut) unterscheiden am schärfsten Neuner: Wesen und Arten, I. Lfg.; und Binding: Normen, Bd. I, S. 174 flg., besonders 193 flg.; auf den Letzteren wird hier insbesondere verwiesen.

Aeber Lücken im Rechte.

Von Dr. F. Görlich.

(Fortsetzung.)

Die Lebensverhältnisse sind nun als solche Dasjenige, was die Juristen „Natur der Sache" nennen, und die aus der Natur der Lebensverhältnisse sich ergebenden Normen sind eben Normen aus der Natur der Sache. Wenn nämlich oben hervorgehoben wurde, daß der erste Theil der Norm kein Imperativ ist, sondern blos eine Voraussetzung für den Eintritt von Imperativen, für das „Lebendig-werden von Normen", so folgt daraus keineswegs, daß in dem ersten Theile der Norm keine Imperative enthalten sind, daß der Inhalt derselben nicht implicite Imperative involvirt. In der That ergeben sich schon aus dem Wesen des Lebensverhältnisses, wie es sich in der Definition, sowohl in der richtigen Legaldefinition als auch in der wissenschaftlichen Definition, spiegelt, gewisse Normen, welche sich häufig als selbstverständlich darstellen, unscheinbar aussehen mögen, trotzdem aber von großer Wichtigkeit und Tragweite sind. So ergibt es sich aus der Natur der Sache, daß, wer einen Kauf abgeschlossen hat, den Kaufpreis bezahlen muß; dies müßte auch dann gelten, wenn es im §. 1062 a. b. G. B. nicht ausgesprochen worden wäre. Eben so ergibt es sich aus der Natur der stillen Gesellschaft, daß der Inhaber des Handelsgewerbes die ihm bereits übergebene, aber etwa aus der Hand gelassene Einlage vom stillen Gesellschafter und auch von jedem Dritten, eventuell mit der Eigenthumsklage zurück fordern kann, obwohl oben auszuführen versucht wurde, daß Art. 252, Absatz 1, keine Norm aufstellt, sondern blos einen Theil der im Artikel 250, Absatz 1, begonnenen Definition der stillen Gesellschaft enthält. Gewiß sind alle diese Normen sehr selbstverständlich, sonst würden sie sich eben nicht aus der Natur der Sache ergeben; sie gehören aber auch zu den wichtigsten Bestandtheilen unseres positiven Rechtes, machen den Grundstock der im corpus iuris enthaltenen Rechtsregeln aus, und so manches Rechtsverhältniß, welches im heutigen Verkehre eine große Rolle spielt, ist ausschließlich durch aus der Natur der Sache sich ergebende Normen geregelt. Welche gesetzlichen Bestimmungen gelten nach gemeinem Rechte im Falle der Statutencollision? Es kann doch nichts Anderes gesagt werden, als daß die Natur der Sache allein maßgebend ist, dasselbe gilt von der Lehre von den juristischen Personen, von den Inhaberpapieren, und von einer Menge anderer Rechtsverhältnisse. Zitelmann hat sich über die Natur der Sache sehr geringschätzend geäußert und doch hat er selber ein Buch von 614 Seiten geschrieben, das allgemeine Anerkennung gefunden hat und zu dessen bedeutendsten Partien gewiß Argumentationen aus der Natur der Sache gehören. Unlängst ist ein Buch erschienen, welches der dogmatischen Literatur zur Ehre gereicht [156]: es behandelt einen praktisch überaus wichtigen Stoff, abgesehen von einer historischen Einleitung streng positiv-rechtlichen Inhaltes, und beruht ausschließlich auf der Natur der Sache [157]. Daß wir aus der Natur der Sache argumentiren, ist also Thatsache, wenn man das widerlegen will, so muß man entweder beweisen, daß wir in der That nicht mit der Natur der Sache operiren, daß wir uns blos in einer Selbsttäuschung befinden, wenn wir damit zu operiren glauben, oder daß wir die Natur der Sache entbehren könnten; dieser Beweis wurde bisher meines Wissens nicht erbracht trotz Zitelmann [158].

[156] Mitteis: Die Lehre von der Stellvertretung.

[157] S. 79 ibid. und die „nicht immer unträglichen Analogien des römischen Rechtes"; aber die Schlüsse der Analogie sind ebenfalls Schlüsse aus der Natur der Sache, wie unten auszuführen versucht werden wird.

[158] Vergl. oben Note 104. Es muß noch einmal betont werden, daß die Logik allein nicht ausreicht, um juristische Deductionen zu recht-

Leicht könnte man diesen aus der Natur der Sache sich ergebenden Normen vorwerfen, daß sie viel zu unsicher, viel zu schwankend seien, um eine feste Grundlage für die Entscheidung streitiger Rechtsverhältnisse zu bieten, wie es stets die Hauptaufgabe des Rechtes sein soll. Das wäre in der That ein schwerer Vorwurf und würde, wenn er wahr wäre, die Normen aus der Natur der Sache wenn auch nicht beseitigen, so doch höchstens als nothwendiges Uebel erscheinen lassen. Er ist aber glücklicherweise nicht wahr. Schon oben wurde die Natur der Sache bestimmt als das Wesen der Lebensverhältnisse, welches sich uns bei der Beobachtung thatsächlicher Vorgänge des Lebens erschließt. Dieses würde wohl an und für sich genügen, denn die Beobachtung des Lebens ist für einen vernünftigen und praktischen Menschen nichts Schwieriges; er wird sie vielleicht nicht immer fuglgerecht definiren, aber er wird immerhin wissen, was Kauf oder Miethe, was Actiengesellschaft oder offene Handelsgesellschaft ist, ebenso wie er gesellschaftlichen Tact und guten Ton durch Beobachtung des wirklichen Lebens sich aneignet. Aber die Untersuchungen neuerer Sociologen, zumal die einzigen größeren Gesammtdarstellungen von Herbert Spencer und von Jhering, haben es ermöglicht, sich bei der Charakterisirung der Natur der Sache noch viel specieller zu fassen, denn sie haben gezeigt, daß kein einziges Lebensverhältniß, kein einziges sociales Institut um seiner selbst Willen entstanden ist, daß jedes wenigstens zur Zeit seiner Entstehung eine sociale Mission zu erfüllen hatte, eines wirklichen oder wenigstens eingebildeten socialen Zweckes wegen da gewesen ist. Dies gilt für die Mode aber die religiösen Gebräuche nicht minder als für die wichtigsten Phänomene des staatlichen Lebens, wenn auch nicht selten ein sociales Institut seine socialen Zwecke überlebt, wenn auch die Sociologie rudimentäre Institute des socialen Lebens, wie die Biologie rudimentäre Organe kennt. Dieser Zweck der socialen Institute ist deren Natur, die Natur der Sache im juristischen Sinne. Selbstverständlich ist er nicht immer ein ökonomischer (wohl nur dies wird von Goldschmidt[150]) bestritten; so bezweckt z. B. das Staatsrecht die Organisation der Classenherrschaft und diese ist auch der Zweck der einzelnen staatsrechtlichen Institute, deren so verfolgen die verwaltungsrechtlichen Institute einen bestimmten Wohlfahrtszweck zc. Aber der Zweck der vermögensrechtlichen Institute ist stets ein privatökonomischer. Die Natur der Sache ist daher bei vermögensrechtlichen Instituten identisch mit deren privatökonomischen Zwecke, während das nationalökonomische Moment in den sonstigen Normen (die sich nicht aus der Natur der Sache ergeben) Ausdruck findet, in Normen, welche die freie Entfaltung des privatökonomischen Zweckes hemmen oder einschränken[160]). Auf Grund dieses privatökonomischen Zweckes, nicht etwa auf Grund von Begriffen, argumentiren wir, wenn wir „aus der Natur der Sache" argumentiren. So wenden wir auf die Bücherselbe des Leihbibliothekars unbedenklich die Normen nicht des Commodates, sondern der Sachmiethe an, da der privatökonomische Zweck der Bücherleihe nicht der des Commodates, sondern der der Miethe ist. Man kann gewiß mit Fug behaupten, daß die Erkenntniß des privatökonomischen Zwecks, den die Gesellschaft in einem typischen Lebensverhältnisse zu erreichen sucht, weder schwieriger noch unsicherer ist, als die Erkenntniß des Zwecks, den die Parteien durch Begründung eines individuellen Lebensverhältnisses, etwa das Abschluß eines concreten Vertrages anstreben. Beruft man sich auf diesen etwa bei der Interpretation eines Miethvertrages, so ist es nicht einzusehen, warum man sich auf jenen nicht berufen dürfte bei der Darstellung der Miethe als typischen socialen Institutes, bei der Interpretation der typischen Absicht der Parteien.

Ganz unrichtig ist die Ansicht, daß die Natur der Sache immer und überall dieselbe sei. Sie ist in verschiedenen Ländern

verschieden, wenn die ökonomische Natur der Rechtsinstitute verschieden ist; sie ändert sich, wenn sich die ökonomische Natur des Rechtsinstitutes ändert. Wer kann es leugnen, daß sich gegenwärtig das Veräußerungsrecht des Pfandgläubigers aus der Natur der Sache ergibt? Im früheren römischen Rechte war dies aber keineswegs der Fall: so sehr änderte sich mit der Zeit der ökonomische Zweck der Verpfändung. Eben so änderte sich der ökonomische Zweck des Kaufvertrages, seitdem sich die Gewährleistungspflicht des Verkäufers aus der Natur der Sache ergibt und nicht mehr besonders stipulirt zu werden braucht. Der Vertrag zwischen dem Dienstherrn und dem Dienstboten begründet nach englischem Rechte eine Art von dinglichem Rechte oder vielmehr ein absolut (gegen-Dritte) wirksames Gewaltverhältniß. Der Dienstherr kann jeden Dritten, welcher ihm den Dienstboten abwendig macht, auf Schadenersatz klagen. Ja man geht noch weiter: Diese Klage hat sogar ein Theaterdirector gegen Jedem, der ihm einen von ihm engagirten Sänger oder Schauspieler abwendig macht[162]). Nach continentalem Rechte hätte der Richter für eine solche Schadenersatzklage höchstens ein mitleidiges Lächeln[163]). Die ökonomische Natur des Dienstvertrages ist eben auf dem Continente eine von der des englischen Rechtes so verschieden, daß dem continentalen Juristen jedes Verständniß für die letztere abgeht[164]).

Es mag an dieser Stelle gestattet sein, die Worte anzuführen, die ein berühmter Rechtslehrer vor vielen Jahren einem seiner Erstlingswerke voranschickte: „Die Darstellung (des Rechtes mit Staatspapieren) selbst hat allein den Zweck, der rechtlichen Beurtheilung den Weg zu ebnen. Für diesen Zweck genügt es aber nicht, die Geschäfte nur so zu schildern, wie sie dem Inhalte und dem Geschäftsgange nach abgeschlossen werden — wenig mehr ist dies jetzt geschehen —, sondern nach eine andere Seite ist aufzufassen, welche allein Leben und Licht in das sonst todte und dunkle Bild bringt: es ist die Seite der kaufmännischen Speculation. Bei dieser Auffassung liegt die Frage zu Grunde, warum gerade dieses oder jenes Geschäft abgeschlossen wird, was durch dasselbe erreicht werden soll und kann, und was man bei demselben wagt. Erst diese Seite führt in vielen Beziehungen zur richtigen juristischen Würdigung der Verhältnisse, nämlich zu der eigentliche Meinung der Contrahenten, auf das id quod actum est"[16]). Wurde hier der privatökonomische Zweck des Rechtsgeschäfts („der Gesichtspunkt der kaufmännischen Speculation", „warum gerade dieses oder jenes Geschäft abgeschlossen wird, was durch dasselbe erreicht werden soll und kann, was man bei demselben wagt" „die eigentliche Meinung der Contrahenten"), nicht geradezu maßgebend für die „rechtliche Beurtheilung", „juristische Würdigung" erklärt?

Zum Schlusse mögen noch einige concrete Fälle erwähnt werden, wo es der Rechtsprechung gelungen ist, wichtige Normen durch eingehende, gewissenhafte Betrachtung der Natur, des ökonomischen Zweckes des Rechtsinstitutes zu gewinnen:

Die Redactoren des allgemeinen Handelsgesetzbuches unterließen es, in dasselbe Bestimmungen über die Rechtsverhältnisse der Handelsagenten aufzunehmen, „da man sich überzeugte, daß mit diesem Worte kein fester Begriff ausgeprägt werden[165]). Es zeigte sich aber bald, wie sehr eine Bestimmung darüber nothwendig gewesen wäre: denn die Frage, ob ein Handelsagent überhaupt eine Vollmacht, beziehungsweise in welchem Umfange er sie habe, tauchte immer aus Neuem auf. Sie konnte nur durch Eingehen auf die Natur der Sache entschieden werden; folgendes Erkenntniß wird zeigen, wie dabei vorgegangen wurde.

---

fertigen. Logische Schlüsse können nur aus Prämissen gezogen werden und wenn sich die Prämissen nicht im Gesetzestexte aufweisen lassen, so ist damit bewiesen, daß sie von wo anders hergenommen wurden.
[150]) Handbuch, Bd. I, S. 306, N. 7.
[160]) Vergl. auch Dernburg: Pandekten, Bd. I, S. 70 u. flg.

[161]) Stephen: New Commentaries tenth Edition, Vol. II, p. 23 sqq.
[162]) Holland: Elements of Jurisprudence, Nr. 161.
[163]) Vergl. aber Regelsberger: Wesen und Arten der Privatrechtsverhältnisse, S. 10 flg.
[164]) Insofern daher richtig: Dahn in Behrend's Zeitschrift für deutsches Recht, Bd. VI, ... „Es gibt keine objectivere Natur der Sache, vielmehr ist jedes Rechtsideal ein relatives" verschieden nach Zeit und Volk. Nur mit der Natur der Sache keineswegs das Rechtsideal.
[16]) Thöl: Kultur im Staatspapieren. S. V II flg., Vorrede ...
[165]) Hahn, Commentar, II. Aufl. I. Bd., S. 225

„Kaufleute und Fabrikanten bedienen sich behufs Absatzes ihrer Waaren außerhalb des Orts ihres Etablissements vorzugsweise solcher Personen, welche sich damit beschäftigen, gegen Gewährung einer Provision oder nach Befinden eines festen Gehaltes fremde Handelsgeschäfte zu vermitteln, ohne zu dem Auftraggeber in ein Dienst- oder Abhängigkeitsverhältniß zu treten. Der ihnen ertheilte Auftrag geht im Zweifel dahin, die Waaren des Auftraggebers unter den ihnen aufgegebenen Bedingungen zum Verkaufe auszubieten, eingehende Bestellungen anzunehmen und dieselben dem Auftraggeber zu übermitteln. Der Letztere wird jedoch durch diese Mittheilung nicht verpflichtet, weil dieser durch die Annahme eines Verkaufsagenten zunächst nur die Absicht, die Verbindungen mit den alten Kunden zu unterhalten und neue Kunden zu erlangen, zu erkennen gibt, keineswegs aber auf das Verfügungsrecht über seine Waaren dergestalt verzichtet, daß er zur Ausführung jeder ihm vom Agenten übermittelten Offerte verpflichtet wird, zumal wenn man berücksichtigt, daß ein Kaufmann oder Fabrikant, der sich in der Regel mehrerer an verschiedenem Orten wohnhafter Agenten bedient, nicht im Stande ist, im Voraus den Umfang der eingehenden Bestellungen, und ob dieselben seinem Lagervorrath entsprechen, zu ermessen oder den Agenten alle diejenigen Personen, mit denen er keine Geschäftsverbindung wünscht, zu bezeichnen [161]."

Ein anderes Beispiel ist der Praxis des Oberappellationsgerichts Lübeck entnommen und betrifft die Substitutionsbefugniß Desjenigen, dem man den Auftrag zum Ankaufe eines Landgutes ertheilt hatte. Die Gründe für die Verneinung derselben lauten im Wesentlichen wörtlich: „Es ist zwar bekannt, daß dem Bevollmächtigten der Regel nach eine Substitutionsbefugniß zustehe, aber nicht minder, daß der Auftraggeber die Substitution unter sagen dürfe, ohne daß in derartiges Verbot auch stillschweigend in der Natur des Rechtsgeschäftes enthalten sein kann. Ueberall nämlich, wo bei Vollführung des Geschäftes entweder auf besondere Eigenschaften des Bevollmächtigten Rücksicht genommen ist oder wo mit der Uebertragung ein besonderes Zutrauen verbunden zu sein pflegt, da ist der Natur der Sache nach die Substitutionsbefugniß ausgeschlossen [162]."

Ist die bedingte Kündigung eines aufnehmbaren Capitales wirksam? In keinem Gesetze steht etwas darüber und doch muß die Frage entschieden verneint werden, denn „als Zweck der Verabredung einer Kündigungsfrist muß es angesehen werden, dem Schuldner eine bestimmte Zeitfrist zu gewähren, in welcher er bis über, ob und wann er zu zahlen verpflichtet ist, nicht in Ungewißheit sich befindet. Diesem Zwecke widerspricht es, wenn der einseitigen Aufforderung zu zahlen eine Bedingung hinzugefügt wird [163]."

Zu der viel besprochenen Frage nach dem Widerruf der Vollmacht hat das Reichsoberhandelsgericht in folgender Weise Stellung genommen: Die Ungültigkeit des Verzichtes folgt aus dem Wesen des Vollmachtsverhältnisses. „Das letztere beruht auf Seite des Machtgebers wesentlich auf Vertrauen, welches der Natur der Sache nach (hier wird das Wort in einem anderen, nicht technischen Sinne genommen) wandelbar ist und durch unvorhergesehene Umstände später erschüttert werden kann. Da der Mandatar übrigens nur zufolge der Vollmacht für den Machtgeber handelt, so muß naturgemäß (d. h. der Natur der Sache gemäß) die Bevollmächtigung aufhören, sobald der Wille Desjenigen aufhört oder sich ändert, welcher die Vollmacht ertheilt hat [170]." Dies bedeutet wohl nichts Anderes als: wer eine Vollmacht ertheilt, bezweckt damit, seine Geschäfte durch eine Person seines Vertrauens besorgen zu lassen. Hat er dieser Person sein Vertrauen entzogen, so kann jener Zweck nicht mehr erreicht werden, die Vollmacht muß daher als erloschen gelten.

Ob wohl mit Hilfe der schärfsten Dialektik, auf Grund positiver gesetzlicher Bestimmungen, Rechtsnormen mit größerer Sicherheit und Bestimmtheit formulirt werden könnten, als es hier geschehen ist?

Man würde diesen Entscheidungen gewiß nicht gerecht werden, wenn man in ihnen bloß Willensinterpretationen erblicken würde. Nichts an ihnen rechtfertigt eine solche Auffassung. Sie argumentiren nirgends aus dem Willen der Parteien, aus dem Zwecke des Rechtsgeschäftes im concreten Falle; sie argumentiren aus dem Zwecke des Rechtsinstitutes der Handelsagenten, der Kündigung, der Vollmacht, und in einem Falle verschaffen sie demselben Geltung sogar gegen den Willen der Parteien. Deswegen haben sie auch ein allgemeines Interesse, während sie, wenn es sich bloß um Willensinterpretationen handeln würde, ein solches keineswegs beanspruchen dürften.

Und so wäre es denn überhaupt naheliegend, von Standpunkte aus von wirklichen Lücken im Rechte zu sprechen. Denn wir hätten da Normen, welche zwar im Gesetze häufig ausdrücklich ausgesprochen wurden, aber auch dann gelten, wenn sie im Gesetze nicht ausgesprochen werden, ja sogar wenn im Gesetze für den concreten Fall ganz andere Normen ausgesprochen wurden, wie für den Fall des vergleichsweisen Erlasses nach österreichischem Rechte oben versucht wurde zu zeigen. Wir hätten da eine Rechtsquelle neben dem positiven Rechte, eine selbstständige, gleichwerthige. Es wäre dies wohl im Einklang mit den Theorien älterer Naturrechtslehrer, die ebenfalls zu einem sehr großen Theile nur Normen aus der Natur der Sache vortragen und als verbindliches Recht anerkennen [171], aber es wäre in der grellen Widerspruche mit der Grundidee unseres ganzen heutigen Rechtslebens: daß alles Recht positiv sei. Diese Auffassung ist jedoch nicht richtig, eine kurze Betrachtung dürfte genügen, uns davon zu überzeugen. Wodurch unterscheidet sich das angenommene Versprechen, einen Besuch zu machen, von einem verpflichtenden Vertrage? Formell ist ein Unterschied kaum erfindlich, und wer den §. 861 a. b. G. B. oder die Art. 1101 und 1107 [172]) Code Napoléon beim Worte nehmen wollte, könnte nicht umhin, dasselbe für rechtsverbindlich und klagbar zu halten. Warum erzeugt aber hier der Vertrag keine Verbindlichkeit? Der Natur der Sache nach sollte aus diesem Vertrage eben so eine Verbindlichkeit zur Leistung des Besuches entspringen, wie aus dem Kaufvertrage der Natur der Sache nach eine Verbindlichkeit zur Zahlung des Kaufpreises entsteht; da dies aber nicht der Fall ist, so ergibt sich daraus, daß nicht jede in der Natur der Sache begründete Verpflichtung schon eine Rechtspflicht ist, daß noch ein anderes Moment hinzutreten muß: die Anerkennung der aus der Natur der Sache sich ergebenden Verpflichtung als Rechtspflicht durch das Recht [173]. Diese fehlt eben der Verbindlichkeit auf Leistung eines Besuches. (Fortsetzung folgt.)

---

[161]) Busch's Archiv, Bd. VIII, S. 20 flg. (Oberappellationsgericht Dresden 1865).

[162]) Kierulff's Sammlung, Bd. VI, S. 94.

[163]) Seuffert, Bd. XXV, S. 177 (Wolfenbüttel); vergl. auch Reichsoberhandelsgericht, Bd. IV, S. 313.

[170]) Seuffert, Bd. XXXIV, S. 297.

Ueber Lücken im Rechte.

Von Dr. E. Ehrlich.

(Fortsetzung.)

Daß aber jedes Lebensverhältniß erst vom Rechte anerkannt werden muß, bevor die sich aus seiner Natur ergebenden
Normen zu Rechtsnormen werden, das ist eine der einbringendsten
Lehren, die aus der Rechtsgeschichte entnommen werden können.
Im alten Rom gab es nur sehr wenige Verträge, aus welchen
eine rechtliche Verpflichtung entsprang, daraus folgt aber keineswegs, daß andere Verträge nicht abgeschlossen wurden; der tägliche Marktverkehr bewegte sich schon zur Zeit der punischen

Kriege schwerlich so ganz ausschließlich in den Formen des nexum, der mancipatio und stipulatio. Eben so unterliegt es keinem Zweifel, daß auch jene Verträge, welche keine rechtlich anerkannte Verpflichtung begründeten, eine Natur der Sache (einen privatökonomischen Zweck) hatten, daß sich aus denselben Verpflichtungen ergaben, welche im Leben in der Regel anerkannt und erfüllt wurden[174]. Aber rechtlich anerkannt waren solche Lebensverhältnisse nicht, es ergaben sich daher aus ihrer Natur keine Rechtsnormen, sondern Normen anderer Art. Gleichzeitig mit der Anerkennung dieser Lebensverhältnisse durch das Recht oder auch nur durch den Prätor wurden sie zu Rechtsverhältnissen, die sich aus ihrer Natur ergebenden Normen zu Rechtsnormen. Solche Beispiele bietet nicht nur das römische Recht. Das neuere Recht hat zwar überall die engen Schranken der älteren Rechtssysteme fallen lassen und das hat die Täuschung hervorgerufen, als ob heutzutage jedes Lebensverhältniß, oder wenigstens jedes ernstere Lebensverhältniß, in Vorhinein vom Rechte anerkannt wäre; besonders häufig wird die Ansicht geäußert: jeder Vertrag sei gültig, wenn er vom Rechte nicht ausdrücklich verboten worden ist. Aber es genügt, um vom Gegentheile zu überzeugen, blos auf die Geschichte der Reception der englischen, sogenannten Schulze Delitz'schen Genossenschaften zu verweisen. Als sie zuerst auf deutschem Boden erschienen, da gab es kein Gesetz, welches einen Vertrag, eine Associationsform wie die der Erwerbs- und Wirthschaftsgenossenschaften, anerkennen würde. Ein solcher Vertrag mußte daher als ungiltig betrachtet werden. Wie half man sich also? In verschiedener Weise, aber immer so, daß man die Genossenschaften als etwas auffaßte, was sie nicht waren, was aber ein vom Rechte anerkanntes Lebensverhältniß, ein Rechtsverhältniß war. So in Preußen als offene Handelsgesellschaft[175], obwohl man dem Wesen der Genossenschaft kaum mehr Zwang anthun kann, als durch eine derartige Auffassung, die beiden Hofgerichte des ehemaligen Herzogthums Nassau erkannten dagegen die Genossenschaften als juristische Personen an[176], was ebenfalls nichts Anderes ist, als die Subsumtion eines neu entstandenen Lebensverhältnisses unter einen bereits anerkannten Begriff, und zwar einen möglichst vagen. Es fehlt aber auch an anderen Beispielen vom Rechte nicht anerkannter, im Leben sehr wichtiger Lebensverhältnisse nicht. In England z. B. waren die Trade unions bis unlängst nicht anerkannt, hatten kein Corporationsrechte und ihr Cassier durfte daher ihnen gehörige Gelder straflos defraudiren[177]. Denn sie waren keine Rechtssubjecte, ihr Vermögen war rechtlich herrenlos. Die Vereinigten Staaten von Nordamerika erkennen die katholische Kirche als Rechtssubject nicht an, daher können die Kirchengüter nur auf den Namen der Bischöfe in's Grundbuch eingetragen werden. Ein besonders wichtiger Fall ist die Begründung eines im positiven Rechte nicht anerkannten dinglichen Rechtes. Würde z. B. ein Astronom die Grunddienstbarkeit erwerben wollen, auf dem Nachbars Grund und Boden seine astronomischen Apparate aufzustellen, so würde die Bestellung derselben zweifellos nach positivem Rechte ungiltig sein[178]. Dagegen wäre ein obligatorisches Recht d.ses Inhaltes gewiß anzuerkennen. Die französischen Gerichte betrachten den Vertrag, wodurch ein Arzt seine Clientel einem andern Arzte gegen Entgelt abtritt[179], ja sogar die

Cession des Miethrechtes der früheren Wohnung des abtretenden Arztes als ungiltig[180]. Wie sich die österreichischen und deutschen Gerichte in einem solchen Falle verhalten würden, ist mir nicht bekannt, gewiß aber werden auch diese den Vertrag eines Bettlers, der einem anderen Bettler den vortheilhaften Platz zum Betteln, den er bisher eingenommen hat, gegen Entgelt abtritt, nicht als giltig anerkennen[181]. Häufig begnügt sich jedoch das Recht nicht damit, ein Lebensverhältniß zu übergehen und ihm so gewissermaßen stillschweigend die Anerkennung zu versagen, es thut dies auch ausdrücklich, indem es entweder die Bedingungen in Vorhinein festsetzt, von denen es die Anerkennung derartiger Lebensverhältnisse abhängig macht (Handlungsfähigkeit, Erwerbsfähigkeit, Einhaltung einer Form), oder es erklärt gewisse Geschäfte überhaupt sei es für ungiltig, sei es für verboten. Es mag dies aus immer für einen Grunde geschehen: an sich hat eine solche ausdrückliche Bestimmung, abgesehen von etwaigen Straffolgen, keine anderen Consequenzen als eine stillschweigende Versagung der Anerkennung, und nothwendig ist es daher nur dann, wenn das Recht einen gewissen Kreis von Verhältnissen in einem solchen Umfange anerkennt, daß die Ausnahmen ausdrücklich namhaft gemacht werden müssen.

Es ist deswegen nicht nur ungenau[172], sondern auch unrichtig, daß Rechtsverhältnisse die vom Rechte normirten Verhältnisse seien. An alle Lebensverhältnisse können vom Rechte Normen geknüpft werden, an Delicte, an verbotene und ungiltige an dem Rechte gar nicht anerkannte Lebensverhältnisse. So hat z. B. die Leistung auf Grund eines vom Rechte nicht anerkannten Vertrages unter Umständen das Lebendigwerden von Normen zur Folge, welche die condictio indebiti, das Anfechtungsrecht der Gläubiger betreffen. An alle Delicte sind ebenfalls Rechtsfolgen geknüpft. Davon unterscheiden sich jedoch fundamental die an solche Lebensverhältnisse geknüpften Rechtsfolgen, welche vom Rechte anerkannt sind; diese bestehen nämlich durchaus in dem Lebendigwerden von Normen, welche sich aus der Natur der Sache, aus dem Zwecke des Lebensverhältnisses ergeben. Der Unterschied ist so bedeutend, daß er allein schon hinreichen dürfte, um zwischen den vom Rechte anerkannten Lebensverhältnissen und den anderen strenge zu unterscheiden dem Namen "Rechtsverhältniß" blos auf die letzteren, blos auf solche Lebensverhältnisse zu beschränken, welche im juristischen Sinne eine Natur der Sache haben: darnach wäre wohl die Ehe, der Kauf, der staatlich anerkannte Verein, aber nicht das Connubinat, das Engagement zum ersten Walzer, der verbotene Verein oder der Diebstahl ein Rechtsverhältniß. Beide Arten von Lebensverhältnissen haben eine Natur der Sache, aus der sich Normen ergeben, das heißt Regeln für das Verhalten der Parteien, aber im juristischen Sinne haben eine Natur der Sache nur die ersteren Lebensverhältnisse, denn bei den ersteren erkennt das Recht diese Normen als verbindlich, als Rechtsnormen an. Die Natur der Sache als solche ist wohl keine Norm, aber indem das Recht ein Lebensverhältniß anerkennt, billigt es zugleich den Zweck desselben, es billigt ihn mit allen seinen Consequenzen, es billigt das gewählte Mittel zur Erreichung dieses Zweckes, es stellt der Partei, welche die Erreichung dieses Zweckes anstrebt, seinen Arm zur Verfügung, um die demselben rechtswidrig entgegengestellten oder rechtswidrig nicht beseitigten Hindernisse aus dem Wege zu räumen. In diesem Satze ist versucht worden, die Bedeutung der Natur der Sache endgiltig festzustellen. In der rechtlichen Anerkennung eines Lebensverhältnisses liegt die Rechtsnorm an die Parteien gerichtet, des Inhaltes: wird ein normirtes Lebensverhältniß dieser Art begründet, so habt ihr Alles

[174] Pernice: Labeo, Bd. I, S. 414 flg. Daß aber ursprünglich nicht formelle Geschäfte garnicht abgeschlossen wurden, darüber vergl. Maine: Ancient Law, fifth edition, p. 311 squ., welcher ausführt, daß in früheren Entwicklungsperioden, abgesehen von streng formellen Eigenthumsübertragungsverträgen, gar keine anderen Verträge abgeschlossen werden.

[175] Busch's Archiv, Bd. II, S. 170 (Handelsgericht Düsseldorf), Bd. III, S. 307 (Commercial- und Admiralitätsgericht Königsberg), S. 370 (Appellationsgericht Köln).

[176] Ibid. Bd. VII, S. 403.

[177] Anders seitdem ihnen mit den Gesetzen 34 und 35 Vict. c. 31 (1871) und 39 und 40 Vict. c. 22 (1876) Corporationsrechte verliehen wurden. Vergl. Stephen a. a. O. Vol. III, p. 83 Note.

[178] Windscheid: Pandekten, Bd. I, §. 209, Note 8 und die dort citirten.

[179] Trib. de la Seine 1846 (Dalloz 46. 3. 62), bestätigt von der

Cour de Paris (ibid 47. 4. 495) ferner Angers 60. 2. 193. Paris 51. 2. 185.

[180] Als Bestandtheil eines ungiltigen Vertrages. Trib. de la Seine 3. 62 Cour de Paris (47. 4. 495).

[181] Vergl. Leroy-Beaulieu in der Revue de deux mondes, Tome LXXXIX, p. 593.

[172] Vergl. Keller: Pandekten, S. 45.

zu thun, was zur Erreichung des ökonomischen Zweckes dieses Lebensverhältnisses erforderlich ist, und Alles zu unterlassen, was die Erreichung erschweren oder hindern könnte.

Ob ein Rechtsverhältniß vom Rechte anerkannt ist, kann unter Umständen schwer zu entscheiden sein. Daraus allein, daß das Recht eines Lebensverhältnisses nicht erwähnt, kann bei dem Umfange, in welchem das moderne Recht im Principe Lebensverhältnisse als Rechtsverhältnisse anerkennt, nichts gefolgert werden. Stammler z. B. hat jüngst eine Monographie über den Garantievertrag veröffentlicht [153]), einen Vertrag, welcher von keiner Codification erwähnt und von Allen anerkannt ist. Dagegen kann aus einer allgemeinen Anerkennung, z. B. aller Verträge als gültig, aller Dienstbarkeiten und dinglichen Rechte als gestattet [154]), auch nichts gefolgert werden, wie schon oben zu zeigen versucht wurde. Ob also ein Lebensverhältniß vom positiven Rechte als Rechtsverhältniß anerkannt ist, das kann nur durch genaue Erforschung des Geistes des Gesetzes festgestellt werden, namentlich muß die Frage geprüft werden, ob angenommen werden kann, daß der Gesetzgeber einen den Zweck desselben billigt. Eine besonders wichtige Rolle spielt in dieser Beziehung das Gewohnheitsrecht. Rechtsverhältnisse, an welche zur Zeit der Codification nicht einmal gedacht werden konnte, werden durch ein fortwährend in Bildung begriffenes Gewohnheitsrecht anerkannt, als Rechtspflichten begründend, die ganze Normenwelt in Bewegung setzend. Es genügt, auf die große Menge von Rechtsnormen zu verweisen, welche aus der ökonomischen Natur, aus dem ökonomischen Zwecke des Eisenbahnverkehres sich ergeben, und als solche, als Normen aus der Natur der Sache, ohne Bedenken beobachtet und angewendet werden. Wer dachte an Eisenbahnen im Jahre 1802 oder 1811? Ja noch mehr: Rechtsverhältnisse, welche vom Gesetzgeber entweder zu dem Zwecke mit Stillschweigen übergangen wurden, um ihnen dadurch die Anerkennung zu versagen, werden von der ewig schaffenden Maschine des Gewohnheitsrechtes anerkannt. Nach dem von v. Herzfeld veröffentlichten Materialien zu den Bestimmungen des österreichischen allgemeinen bürgerlichen Gesetzbuches über den Versicherungsvertrag ist es nicht ausgeschlossen, daß die Redactoren desselben oder wenigstens Einzelne von ihnen absichtlich die Lebensversicherung mit Stillschweigen übergehen wollten, um dadurch die Verweigerung der Anerkennung auszudrücken [155]). Wer zweifelt daran, daß der Lebensversicherungsvertrag auch im österreichischen Rechte ein gültiger Vertrag ist? Auf diesem Gebiete wird kein Recht der Mithilfe des Gewohnheitsrechtes entbehren können, oder auch nur wollen; die Bestimmungen der neueren Gesetzbücher, welche die Geltung des Gewohnheitsrechtes einschränken, können auf diesen Fall schon deswegen keinen Bezug haben, weil es sich hier ausschließlich um Gewohnheitsrecht praeter ius scriptum handelt, welches im Allgemeinen aufrechterhalten wird. Aber auch dort, wo das Gewohnheitsrecht unbedingt derogirt wird, wie im österreichischen bürgerlichen Gesetzbuche, sind wir berechtigt, für den hier in Rede stehenden Fall eine Ausnahme zu statuiren: jede andere Auffassung wäre ein unerträgliches Hemmniß für den Verkehr, für die Entwickelung des Rechtslebens. Auch wäre entschieden kein Geist im Stande, die gewohnheitsrechtliche Anerkennung neu entstehender Lebensverhältnisse zu hindern, wie dies in Oesterreich mit einer ganzen Reihe von solchen unstreitig der Fall gewesen ist: außer dem bereits genannten Lebensversicherungsvertrage soll hier nur noch erwähnt werden das Eisenbahn-, Tele-

graphen- und Telephonrecht. In dieser Beziehung wenigstens muß der älteren Ansicht von Windscheid unbedingt vor der neueren der Vorzug gegeben werden: ein Gesetz kann unmöglich die Entstehung eines neuen Gewohnheitsrechtes hindern [156]).

Auf einem anderen Wege gelangt Bülow [157]) zu demselben Resultate. Er nimmt an, daß es einer Partei nur dann freisteht, ein Rechtsverhältniß mit einem beliebigen Inhalte zu begründen, wenn ihr das Gesetz die Macht dazu ertheilt. Diese Bedeutung hat nicht bloß jede gesetzliche Anerkennung eines Rechtsinstitutes — davon spricht er nicht ausdrücklich —, sondern vor Allem jeder dispositive Rechtssatz, welcher der Partei erlaubt, ihr concretes Rechtsverhältniß anders zu regeln, als im Gesetze vorgesehen ist. Wendet man diese Theorie auf die hier erörterte Frage an, so ist sie historisch gewiß nicht richtig: denn die Anerkennung eines Rechtsverhältnisses durch das Recht ist in der Regel erst später hinzugetreten, nachdem dasselbe im Leben vollständig ausgebildet bestand, so daß in dieser Beziehung das Gewohnheitsrecht dem positiven Rechte regelmäßig zuvorgekommen ist. Dogmatisch ist dagegen seine Auffassung von großem Werthe, da sie der Idee, daß es den Parteien nicht freisteht, beliebige, vom Rechte nicht anerkannte Verhältnisse in rechtlich wirksamer Weise zu begründen oder den rechtlich anerkannten Verhältnissen einen beliebigen Inhalt zu geben, einen besonders prägnanten Ausdruck verleiht. Auch entspricht sie nicht selten der wirklichen Entwickelung: nämlich dann, wenn der Gesetzgeber ein Verhältniß zu dem Zwecke anerkennt, um es im Lande einzubürgern. So wurden in vielen deutschen Staaten Genossenschaftsgesetze erlassen, durch welche diese Associationsform erst eingeführt werden sollte; bis dahin bestanden im Staate gar keine Associationen, welche als Genossenschaften betrachtet werden könnten.

Der Thon'schen Auffassung des Rechtsgeschäftes, wonach das Recht nur die Rechtsfolgen des Geschäftes überall vorausbestimmt und es den Parteien anheimstellt, diese herbeizuführen, indem sie die Bedingungen setzen, welche dann den Eintritt dieser Rechtsfolgen automatisch veranlassen [156]), ist die Bülow'sche Ansicht entschieden vorzuziehen. Es sprechen gegen sie nicht nur dieselben historischen Gründe wie gegen die Bülow'sche Ansicht, sondern es spricht gegen sie ferner ihre Unnatürlichkeit und ganz besonders der Umstand, daß sie es unbedingt nicht erklären kann, wie es kommt, daß die Parteien unter Umständen das Rechtssystem wählen können, welchem sie das Rechtsgeschäft unterwerfen wollen und das Rechtsgeschäft dann etwa nach ausländischem Rechte beurtheilt wird, obwohl es, abgesehen davon, nach inländischem Rechte beurtheilt werden müßte, ja daß die Beurtheilung nach dem fremden Rechte schon dann eintritt, wenn es irgendwie erkennbar ist, daß die Parteien das Rechtsgeschäft nach fremdem Rechte abgeschlossen haben [158]). Dies zeigt zur evidenz dafür, daß die Rechtsfolgen nicht automatisch durch den Willen des Rechtes, sondern durch den vom Rechte anerkannten Parteiwillen eintreten. Daher genügt der Bülow'sche Annahme eines Blanketgesetzes vollständig, um diese Thatsache zu erklären. Richtig ist dagegen der Thon'schen Ansicht für alle jene Rechtsfolgen eines Geschäftes, welche sich nicht aus der Natur der Sache ergeben, etwa die Conditionen, die Verjährung,

---

[153]) Archiv für civilistische Praxis, Bd. LXIX, S. 1 flg.

[154]) § 475 a. b. G. B.: Die Hausservituten sind gewöhnlich ... § 476 exemplifizirend: Dergleichen (Hausservituten) sind ... § 477: Die vorzüglichsten Feldservituten sind ... § 470: Es können aber auch Dienstbarkeiten, welche an sich Grunddienstbarkeiten sind, der Person allein ... zugestanden werden. — Da nun persönliche Dienstbarkeiten auch als vererbliche bestellt werden können ... die Zahl der Grunddienstbarkeiten nach den §§ 475 bis 477 a. b. G. B. nicht beschränkt ist, so waren nicht alle denkbaren dinglichen Rechte, welche sich unter die sehr weite Definition des § 472 a. b. G. B. unterbringen ließen, als Dienstbarkeiten anerkannt.

[155]) v. Herzfeld in Ehrenzweig's Assecuranzjahrbuch 1887, S. 95.

[156]) So Pandekten I. Aufl., Bd. I, § 18, Note 3, im Gegensatze zu den späteren Auflagen. Für die Ansicht der ersten Auflage auch Zrodlowski: Römisches Privatrecht, Bd. I. S. 49, und Eisele: Archiv für civilistische Praxis, Bd. LXIX, S. 283 flg. Für alle anderen Fälle ist der Ansicht von Adler und Menger: System des neueren Civilprocessrechts, S. 89, Note 9, wohl der Vorzug zu geben; er stimmt im Resultate der Ansicht zu, daß das Gesetz die Entstehung des Gewohnheitsrechtes überhaupt verbieten kann, einer neuen Wendung vor der Begründung. Eine von der Frage der Entstehung bedeutung noch zu unterscheidende Frage ist die nach der thatsächlichen Kraft einer solchen Bestimmung. Vergl. über den Text bei den Noten 31 bis 35.

[157]) Archiv für civilistische Praxis, Bd. LXIV, besonders S. 39. S. 45 vorzüglich mit Rücksicht für das Civilprocessrecht; desgleichen Stammler: Archiv für civilistische Praxis, Bd. LXIX, S. 15 flg. für das materielle Recht.

[158]) Rechtsnorm und subjectives Recht, S. 359 flg.

[159]) Vergl. z. B. die unterstanten Entscheidungen in Gruchot's Beiträgen, Bd. IX, S. 239 (Appellgericht Breslau), Bd. XII, S. 98 (Appellgericht Hamm).

die Rechtsfolgen eines Formalactes [100]). Die sind wirklich vom Gesetze, nicht von den Parteien gewollte Rechtsfolgen, jedenfalls vom Gesetze nicht deswegen gewollte Rechtsfolgen, weil sie von den Parteien gewollt werden.

(Fortsetzung folgt.)